Aufgetaucht

Zum Paradies via Lampedusa

Amor Ben Hamida

Bibliografische Information der Deutschen Nationalbibliothek:
Die Deutsche Nationalbibliothek verzeichnet diese Publikation in der Deutschen Nationalbibliografie; detaillierte bibliografische Daten sind im Internet über http://dnb.d-nb.de abrufbar.

Erstauflage März 2013

Verlag:
Ben Hamida International GmbH
CH-8134 Adliswil
www.benhamida.ch

Vertrieb in Nordafrika:
Edition du Sud Amor Ben Hamida
Medenine/Tunesien

Druck:
Simpact SA, Tunis – Printed in Tunisia

Umschlaggestaltung und Layout:
Daniela Roth, Oberburg
Bild Umschlag: EA Stoick, Djerba

ISBN: 978-3-906021-11-9

Vorwort

«Harragas» nennt man sie. Sie steigen in ein Boot und versuchen, Lampedusa, den von Tunesien aus nächsten europäischen Ort, zu erreichen. Die Harragas in Marokko versuchen, Spanien zu erreichen. Von Algerien aus steuern sie Frankreich an.

Das Wort Harrag kommt vom arabischen «brennen». Man bezeichnete so jemanden, der ein Visum für Europa bekam, zum Studium oder für einen Besuch, der aber nach Ablauf des Visums nicht nach Hause ging, sondern untertauchte. Er «verbrannte» sein Visum, sagt man in Nordafrika. Heute meint man damit fast ausschliesslich die jungen Leute, die vor, während und nach der Revolution in Nordafrika mit Booten Europa zu erreichen versuchen. Viele Tausende haben es geschafft. Einige Hundert sind ertrunken.

Phantasie ...

Europäische Bootsflüchtlinge vor Tunis ertrunken

Tunis, 20. Juni 2055

Heute im Morgengrauen ist wieder ein überfülltes Boot mit Menschen aus Schweden, Polen, Deutschland, der Schweiz und Holland vor der Küste von Tunis gestrandet. Die tunesische Marine konnte lediglich siebzehn Menschen retten, es wird vermutet, dass mehr als fünfzig (darunter Frauen und Kleinkinder) ertrunken sind.

Dieser Vorfall hat die Gemüter auf beiden Seiten des Mittelmeeres bewegt, die nordafrikanischen Medien zeigten Bilder des Grauens: Eine junge blonde Frau (Schweizerin, wie man herausgefunden hat) treibt in Rückenlage auf dem Wasser; unverkennbar ist oder war sie hochschwanger. Ein deutscher Mitinsasse des Bootes berichtet, dass sie die Wehen mitten auf dem Mittelmeer bekam und niemand ihr helfen konnte. «Plötzlich», sagt der junge Deutsche aus, der zum dritten Mal illegal nach Nordafrika auszuwandern versuchte, «plötzlich schaukelte das Boot, es wurde immer heftiger, wie im Rhythmus der Wehen der Frau. Und dann kam eine Welle, eine einzige grosse Welle, die das Boot umkippte. Wer noch die Kraft hatte, hielt sich fest. Die Schwangere gab als eine der Ersten auf. Ich habe ihr die Hand gereicht», sagt der Deutsche unter Tränen, «aber das Meer hat sie verschlungen. Ich hielt Ausschau nach ihr, aber erst Minuten später gab das Meer ihren leblosen Körper wieder frei.»

Die Lage hat sich zugespitzt: Seit dem extremen Dür-

rejahr 2054 ist in Europa, besonders in der Schweiz, eine prekäre Situation für die Menschen entstanden: Viele haben Hunger. Gewalt und Kriminalität sind an der Tagesordnung. Die Politik ist machtlos gegenüber dem katastrophalen Zustand des Landes und gleichzeitig – um Unruhen zu unterbinden – beschliesst der Bundesrat drastische Massnahmen wie Ausgangssperren, Grenzkontrollen (bei denen es nicht darum geht, wer hereindarf, sondern wer hinauskann) ... Das Militär und die Polizei beherrschen das Strassenbild von Zürich, Bern, Basel, St. Gallen und Genf. Besonders Genf wird polizeilich kontrolliert, denn von dort wandern die meisten Schweizer nach Frankreich aus und illegal weiter nach Nordafrika, wo es Arbeit und Brot gibt. Die Daheimgebliebenen bangen um ihre Angehörigen, denn auf kleinen Lastern und später auf kleinen Booten versuchen die verzweifelten jungen Schweizer, das Mittelmeer zu überqueren. Nordafrika hat Frankreich aber ein Abkommen aufgezwungen, um diesen Strom aufzuhalten. Dieses Abkommen sieht vor, dass die französischen Behörden jeden Versuch ihrer Bürger und Bewohner anderer europäischer Länder, nach Nordafrika auszuwandern, zu unterbinden haben. Dafür zahlt Nordafrika jährlich den Behörden der südeuropäischen Länder eine hohe Summe und stellt technisches Know-how und Material zur Verfügung ...

Die Flüchtlinge, die teils aus politischen, teils aus wirtschaftlichen Gründen dieses hohe Risiko auf sich nahmen, werden im Auffangzentrum Tunis-Ariana untersucht, identifiziert und anschliessend – meist ohne weite-

re Verfahren oder Untersuchungen – nach Frankreich zurückgeschickt. So sieht es das Abkommen von 2051 vor. Auch Bürger anderer europäischer Länder landen wieder in Marseille und müssen von dort aus wieder in ihre Heimatländer zurückreisen. Meistens aber verbleiben sie im Süden Frankreichs und warten auf die nächste Gelegenheit. So berichtet Hans Meier vor laufender Kamera: «Ich wurde in der Schweiz gesucht wegen meiner politischen Tätigkeit. Ich werde bestimmt nicht mehr nach Hause zurückgehen. Sie werfen mich ins Gefängnis und foltern mich. Ich werde es wieder versuchen.»

Es noch einmal versuchen will es auch Peter Hauser, deutscher Staatsbürger: «Meine Familie hat alles verkauft, was sie besitzt, damit ich hier Arbeit finden und sie ernähren kann. Ich kann nicht mit leeren Händen zurückgehen. Die Schande wäre zu gross. Ich werde versuchen, von einem anderen südeuropäischen Hafen aus nach Ägypten oder Libyen zu fahren.»

In den südfranzösischen Häfen berichten viele Auswanderer, die auf eine Gelegenheit warten, von einem Schlepper nach Nordafrika abgesetzt zu werden, dass sie willkürlichen Verhaftungen, Schikanen und Misshandlungen ausgesetzt sind. Einige wurden aufgrund ihres Dialektes einfach wieder an die Grenze zum Nachbarland Schweiz gesetzt, oft ohne Nahrung und entsprechende Kleidung, dies nur aufgrund einer Vermutung, dass sie die Überfahrt nach Nordafrika beabsichtigen. Auch das wird im Abkommen mit Frankreich definiert. Amnesty International hat in Paris Protest gegen diese Massnahmen eingereicht, die gegen die Menschenrechte verstossen.

«Die Absicht, auch wenn sie latent besteht, ein Land illegal zu verlassen, stellt noch keinen Strafbestand dar», so Amnesty International. Einige legal in Frankreich lebende Schweizer wurden aufgrund dieser Annahme verhaftet und nach einigen Tagen wieder freigelassen. So berichtet Hans Abderhalden, dass er in einer südfranzösischen Kleinstadt auf dem Heimweg verhaftet wurde und ihm die Absicht, illegal nach Nordafrika zu reisen, vorgeworfen wurde. «Nur weil sie mich mit einem Freund Schweizerdeutsch reden hörten».

Es wird vermutet, dass viele illegale Schweizer Grenzgänger zwischen Frankreich und der Schweiz den Erfrierungstod erlitten und ihre Verwandten nie wieder etwas von ihnen gehört haben.

In Zürich und Bern demonstrierten Tausende von Bauern gegen das schweizerisch-senegalesische Abkommen, wonach Senegal gegen jährliche Entschädigungszahlungen an die Schweiz Hunderttausende von Rindern auf Schweizer Böden weiden lässt, um sie dann wieder nach Afrika zu exportieren. Die lokalen Bauern haben keine Chance gegen diese Grossunternehmen der Fleischindustrie.

Die erschöpften, abgemagerten Gesichter erwecken Mitleid. Doch die Bürger Nordafrikas haben es satt, wöchentlich Hunderte dieser Migranten aufzunehmen. Auf die lokalen Behörden wird Druck ausgeübt, um in Schnellverfahren die Abschiebung der meisten illegalen Passagiere zu bewirken. Die allerwenigsten von den heute gelandeten siebzehn Menschen (allein in Tunis) werden ein Asyl bekommen. Und haben sie nach einem langwierigen Verfahren eine Zustimmung zum Bleiben erhalten, sind sie noch lange nicht am Ziel ihrer Träume. Denn Arbeit ist auch in Nordafrika rar geworden und so landen die meisten Deutschen und Schweizer als Kleinkriminelle wieder im Gefängnis.

Der Aussenminister der nordafrikanischen Union übt auf die europäischen Länder grossen Druck aus. Für das gebotene Geld will er, dass der illegale Flüchtlingsstrom endlich versiegt. Die Behörden in Deutschland und der Schweiz gehen darum sehr hart gegen Auswanderungswillige vor. Schon bei Verdacht werden die Menschen verhaftet und ohne rechtliche Grundlage eingesperrt. Ein Flüchtling berichtet: «Sie haben mich mitten auf der Strasse aufgehalten und dann weggebracht. Ich landete im Gefängnis, weil ich zwei Jacken bei mir trug. Sie sagten, das sei ein klares Zeichen dafür, dass ich auswandern will.»

Viele der heute in verschiedenen Häfen Nordafrikas Gelandeten können dank der saisonalen Bedürfnisse der Landwirtschaft während einiger Wochen auf verschiedenen Plantagen arbeiten, solange ihre Asylanträge bearbeitet werden. Ein tunesischer Beamter bestätigt: «Wir haben mehrere Tausend Anträge, die hängig sind. Die Leute können sich inzwischen nützlich machen, bei der Orangenernte oder Arbeiten im grössten nordafrikanischen Olivenölzentrum, das ganz Afrika mit Olivenöl beliefert.» Einige reisen weiter gegen Süden, wo sie in der Region von Gabès bei der Dattelernte gebraucht werden. Auf diesen Plantagen herrschen jedoch menschenunwürdige Verhältnisse. Europäer schuften bis zu zwölf Stun-

den und bekommen dafür nur einen Lohn, der sie gerade mal am Leben erhält. Mancher Schweizer hat seinen Traum, seine Familie zu unterstützen, begraben müssen. Er kommt selbst kaum durch.

Wiederum andere überqueren unter prekären Bedingungen die Grenzen nach Algerien oder Libyen, wo sie auf Arbeit und Auskommen hoffen.

Die Politiker sollten endlich aktiv etwas gegen den Strom von Norden nach Süden unternehmen. Ansätze sind da, aber sie fruchten nicht immer. Der ägyptische Minister für Europa-Angelegenheiten, Mohammed Ali Abdelwahab, sagte vor Kurzem: «Wir haben Europa Milliarden an Entwicklungshilfe gegeben, aber Europa scheint keine neuen Arbeitsplätze für seine Bürger zu schaffen. Wenn es so weitergeht, werden wir wohl an unseren Grenzen Stacheldraht und Schussanlagen bauen müssen.»

Wir bleiben gespannt, wann das nächste Boot mit Schweizer, deutschen, polnischen, holländischen und schwedischen Flüchtlingen hier strandet.

Mohammed Arjoun, Télé Afrique, Tunis

Zum Gedenken an alle Flüchtlinge dieser Welt, die niemals ihre geliebte Heimat, ihre Familien und Freunde grundlos verlassen würden.

Lotfi El Ouerghemi

Oh du Fehlender, wann kommst du heim? Seit Jahren fehlst du.

Du hast die Mutter weinend und heulend hinterlassen, wann kommst du heim?

Wann kommst du zu uns? Wann trocknest du endlich unsere Tränen und beruhigst uns?

Du bist seit Jahren in Italien verschollen!

Ich habe keinen Freund mehr, geliebter Bruder.

Kein Brief von dir ist je gekommen.

Du hast die Schwester weinend und heulend hinterlassen, wann kommst du heim?

Komm heim und lebe unter uns, lass die Sehnsucht hinter dir.

Verlass Italien und komm heim …

Wir hören nichts von dir.

Genug des Exils, komm wieder heim.

Du hast den Bruder weinend und heulend hinterlassen, wann kommst du heim?

(frei übersetzt aus einem tunesischen Lied über Harragas)

Chat

«Schön, dass du da bist. Ich habe wichtige Nachrichten für dich.»

«Wie geht die Revolution vorwärts? Wir hören hier nicht nur Gutes.»

«Revolution? Ach ja … Mach dir keine Sorgen. Ich habe keine Probleme damit. Es herrscht immer noch Chaos. Das mit der Polizei ist erledigt. Ich bin unschuldig.»

«Musstest du Geld zahlen?»

«Nein, ganz ehrlich, ich habe nicht geschmiert, wie denn auch? Sie haben mich verwechselt. Weisst du, hier verhafteten sie damals jeden, der einen Dreitagebart trug und auch noch seine Meinung sagte. Und heute tragen mehr Männer lange Bärte als in Kabul und niemand von ihnen wird behelligt.»

«Wie geht es dir? Wie ist das Wetter bei euch? Für März ist es ziemlich kalt hier.»

«Es schneit bei euch? Oh, ich habe noch nie Schnee gesehen. Vielleicht erlebe ich das bald. Es geht mir nicht gut. Ich habe Pläne.»

«Pläne?»

«Ja, wir sehen uns bald richtig. Nicht nur hier bei Facebook. Ich habe eben gute Nachrichten für dich. Also für uns.»

«Hast du Arbeit gefunden?»

«Was? Nein, nein, ich habe keine Arbeit gefunden. Das Hotel hat uns alle rausgeschmissen und der Chef ist verschollen. Man vermutet, dass er mit den Leuten von Ben Ali kollaborierte und darum die Flucht ergriff, nach Frankreich. Aber weisst du, solche Leute bekommen problemlos ein Visum, Geschäftsreise, verstehst du?»

«☹»

«Ich komme bald zu dir!»

«Kathrin? Bist du noch da?»

«Kathrin? Bitte! Schreib was! Freust du dich denn nicht?»

«Ich bin da, musste kurz ans Telefon, mein Vater ... Was war das? Du kommst hierher? Wie denn?»

«Ah. Endlich. Ja! Hast du meinen Text vorhin verstanden? Ich komme in die Schweiz. Nicht direkt natürlich. Ich kann ja nicht zum Flughafen und ein Ticket kaufen, wie du es machen kannst. Nein, ich nehme das Boot!»

«Waaaaas?»

«Ja! Ich habe den Preis für die Überfahrt bezahlt. Es ist ein gutes Boot und der Kapitän soll sogar ein GPS-Gerät haben, das ihm immer anzeigt, wo wir uns befinden. Gestern im Café haben wir beschlossen zu gehen. Morgen Nacht fahren wir los.»

«Ich fasse es nicht! Du willst nach Europa?»

«Kathrin? Bist du noch dran?»

«Ja, ja, ich bin da. Bin nur etwas überrascht. Hast du es dir gut überlegt? Es ist nicht einfach für die Flüchtlinge aus Nordafrika. Sie landen täglich auf Lampedusa und es werden langsam zu viele für Italien. Es gibt echte Probleme.»

«Es ist immer noch besser, als hier herumzuhocken,

sinnlos und ziellos, ohne Aussichten. Ist dein Foto echt?»

«Ja, mein Foto ist echt. Und deins?»

«Ja, meins ist auch echt. Schön. Weisst du, bei uns haben die meisten Frauen ein falsches Foto bei Facebook. Die Männer sind da ehrlicher. Aber die meisten Frauen wollen nicht erkannt werden. Du siehst also so gut aus. Ich freue mich.»

«Oh, danke, Lassad, du aber auch! ☺»

«Mein Foto ist zwar echt, aber mein FB-Name ist ein Pseudonym. Ich heisse Mokhtar. Lassad Tunisia habe ich gewählt, weil ich damals dachte, wir würden alle glücklich – Lassad heisst der Glückliche … ☺ Wünsch mir Glück für die Überfahrt.»

«Wie ist dein Plan genau?»

«Ich fahre zuerst nach Lampedusa, von dort aus versuche ich, nach Frankreich zu gehen, ich kenne einige Freunde dort. Wenn es nicht klappt, dann schlage ich mich nach Chiasso durch. Ich rufe dich an, okay?»

«Und wann glaubst du hier anzukommen?»

«Oh, das kann ich dir nicht sagen. Wir sind etwa zwei Tage unterwegs, dann Lampedusa, Untersuchungen, mindestens zwei Nächte, dann versuche ich abzuhauen. Ich kann nicht sagen, wann. Aber so schnell wie möglich.»

«Ja, bis dann also, viel Glück, Lassad.»

«Mokhtar! ☺»

«Ja, bis bald!»

Monolog Ali

Verflucht, wo bin ich? Was ist das um mich herum? Mein Gott! Wo sind meine Freunde? Wo ist der Kapitän?

Oh, ich erinnere mich … der Sturm, die Rufe und Schreie, die Gebete und die Flüche. Ich erinnere mich. Wieso kann ich mich nicht bewegen? Wo zum Teufel bin ich? Da liegt ja Jamel. Jamel? Bist du es wirklich? Und was sind das für Dinger an deinem ganzen Körper. Sind das Fische?

Oh ja, ich erinnere mich gut. Jetzt weiss ich auch, wo ich bin. Allmächtiger! Warum hast du uns nicht gerettet? Wir haben dich angefleht. Wieso hast du uns im Stich gelassen? War das so eine Sünde, dass wir aufs Meer sind? Unserem Traum nachjagend. Verflucht! Ist es eine Sünde, dass man träumt?

Ich bin auf dem Meeresgrund … Und die Fische nagen auch schon an mir! Warum kann ich mich nicht bewegen? Ich … bin ich? Ja, ich bin. Das ist sicher. Ich bin tot. Ertrunken. Nach einem langen Kampf in der See. Oh Gott. Was glaubt wohl meine Mutter, wo ich bin?

Wie gross war die Hoffnung, wie süss waren diese Worte eines Freundes …

«Lasst uns heute Nacht gehen, Freunde. Das Meer ist ruhig. Der Kapitän hat das Geld schon kassiert, wenn wir nicht heute gehen, wird er vielleicht beim nächsten Mal verhaftet und wir müssen uns einen neuen suchen.

Was? Du hast Angst? Wovor, du Memme? Was ist das schon für eine Gefahr? Ruhige See, fahrtüchtiges

Boot, genügend Proviant? Was ist das im Vergleich zum Hunger und Elend hier?

Zukunft? Hier, in diesem Land? Bist du verrückt? Ich sage dir: Hier ist keine Zukunft für uns. Revolution? Pah, dass ich nicht lache. Als würden Araber je frei. Wir haben diesen Diktator gestürzt, ein anderer wird kommen. Wir können nicht mehr lange warten, Freunde!

Was, Tote? Glaubst du etwa an diese Märchen? Sie wollen euch damit nur einschüchtern, damit ihr ja nicht geht. Ja, es gab ein paar wenige Unglückliche. Die hatten eben einen schlechten Kapitän. Der eine hatte sogar einen Assistenten, der Benzin mit Öl verwechselt hat. Sie wurden gerettet. Macht euch also keine Sorgen. Unser Kapitän hat ein GPS. Damit weiss er immer, wo wir sind. Und im Notfall kann er Hilfe rufen. Viele wurden so von den Italienern gerettet. Ach, was seid ihr für Feiglinge!»

Jamel? Jamel! Du kannst doch schwimmen. Du bist ein echter Fischersohn. Warum liegst ausgerechnet du da? Ich hatte keine Chance, aber du! Du hättest dich an einem Holz oder einem Fass festhalten können. Ja, ich weiss, die versprochenen Schwimmwesten waren nicht da, nicht genügend. Oder es waren genug Schwimmwesten da, aber zu viele junge Männer. Hat es überhaupt jemand überlebt? Das weisst du nicht, oder, Jamel? Ich sah jedenfalls keinen mehr an Bord, als ich im Wasser strampelte. Aber halt. Mein Gedächtnis lässt mich langsam im Stich. Da waren doch Helikopter, Scheinwerfer. Oder war es ein Schiff? Weisst du es nicht mehr, Jamel? Hilf mir doch. Aber was bringt das uns beiden?

Vielleicht hat jemand überlebt und ist jetzt glücklich in Italien. Sie machen wunderbare Teigwaren in Italien, wusstest du das?

Mutter, oh Mutter. Was habe ich getan? Wieso habe ich nicht auf dich gehört? Auf dein Flehen, deine Tränen, deine Umklammerung? Ich riss mich los von dir, weil ich dachte, du seiest eben eine Mutter, die ihr Kind behüten will, und ich wollte kein Kind mehr sein. Ich dachte, du seiest eine Henne, die ihr Küken nicht ausser Sichtweite lassen wollte, und ich konnte kein Küken mehr sein. Warum habe ich deinen Schmerz nicht gesehen? Du hast mich getragen, geboren und Schmerzen empfunden, die ich mir nicht vorstellen kann. Du hast nächtelang über mich gewacht, mit schläfrigen Augen und mit Tränen, als ich krank war. All das habe ich zunichtegemacht, Mutter. Ich war auf der Suche nach dem Paradies, das sie uns beschrieben haben als ein Land, wo Milch und Honig fliessen. Hat nicht Gott uns das Paradies so beschrieben? Und wo bin ich nun gelandet? Meine Lungen sind voller Salzwasser. Die Fische nagen an meinen Zehen, meinen Ohrläppchen, meiner Nase, und meine Lippen haben sie schon geschafft. Sie kamen erst in kleinen Gruppen, dann in Scharen. Anfangs tat es weh, dann wurden ihre Bisse zu süssen Küssen, dann zu kaum spürbaren Berührungen. Wir ergaben uns. Was hat sie angelockt? Sie haben vielleicht ein paar Blutstropfen aufgespürt. Oder waren es unser Urin und unser Kot, den wir nicht mehr zurückhalten konnten, als es geschah? Vielleicht wollten sie unser Erbrochenes fressen.

Weisst du noch, Mutter? Alle wollten, dass ich gehe, nur du nicht! Was hat Gott den Müttern für eine Kraft gegeben, dass sie spüren können, was gut ist und was nicht? Ich wollte das Elend verlassen, nun stecke ich im grössten Elend der Welt. Die Wracks neben uns zeugen von vergangenen Schicksalen. Wer waren diese Leute in diesen Schiffen? Solche wie wir? Waren sie auch auf der Suche nach dem Paradies? Sie sind schon von den Fischen aufgefressen worden. Wir sind erst daran, aufgefressen zu werden. Was gäbe ich dafür, Mutter, jetzt die Zeit zurückzudrehen, meinen Kopf in deinen Schoss zu legen und mein Haar von dir kraulen zu lassen, diesen verfluchten Plan aufzugeben, auf dich zu hören, auf deinen Mutterinstinkt!

Es war schrecklich, Mutter. Ich würde es dir so gern ersparen, aber ich muss es dir sagen. Es kam schlimmer, als du es dir vorgestellt, als du es mir gezeichnet hattest. Nabil liegt neben mir. Etwas weiter hinten liegt Jamel. Er hat nur noch einen Schuh, den anderen werden vielleicht irgendwann Fischer finden und ihn nach Hause tragen. Hoffentlich wird sein Schuh als Warnung gelten.

Ich versuche ständig, eine SMS zu schicken, an all meine Freunde, meine Cousins, die ein solches Boot nehmen wollten, und ich bekomme ständig die Meldung, dass die Nachricht nicht gesendet werden konnte. Ich will sie alle warnen. Sie sollten es nicht versuchen, es lohnt sich nicht!

Jetzt dreht sich Jamel plötzlich auf den Bauch. Irgendeine Welle vielleicht. Ja, eine Welle war der Anfang unserer Katastrophe. Es fing mit einem Hauch, einer Idee eines Windes an. Es schaukelte leicht, dann schwerer. Ich war einer der Ersten, die kotzten. Du weisst, ich bin nicht seetauglich, und schwimmen kann ich eh nicht. Meine Angst trieb mir erst den Schweiss auf die Stirn, dann konnte ich meinen Urin nicht zurückhalten. Es ist mir so peinlich, Mutter, aber ich kann nicht anders, als dir das alles erzählen, als hätte ich dir nicht schon genug damit angetan, dass ich trotz deiner Warnungen dieses kleine Boot bestieg.

Moncef liegt auch in meiner Nähe. Und weiter hinten vermute ich Abdellatif. Ich kann ihn nicht erkennen. Einige Körperteile fehlen ihm. Er fiel als Erster ins Wasser. Auch er kann nicht schwimmen. Wir warfen ihm ein Seil nach, aber das verfluchte Seil war zu kurz. Es hätte nichts genutzt, denn fünf Minuten später befanden auch wir uns unterwegs in die Tiefe. Ich wollte, meine Freunde könnten mich jetzt hören, ich wollte, sie könnten mich sehen, solange noch einiges an meinem Körper ist. Bald werden mich diese Fische ganz aufgefressen haben. Bald werden Moncef, Abdellatif und ich nur noch Skelette in zerfetzten Kleidern sein.

Dabei fing alles so gut an …

Ein Typ verbrannte sich. Er goss vor dem Gemeindehaus einen Liter Benzin auf seinen mageren Körper und stand da, zitternd, im Wissen, was passieren würde, wenn er das Streichholz anzündete. Einige Männer, mehrheitlich arbeitslose Jungs, standen in der Nähe und beobachteten den Irren. Ja, sie hielten ihn für verwirrt, als er vor dem Rathaus Wasser über sein Haupt goss. Vielleicht würde er jetzt noch Seife oder Shampoo nehmen und sich die Haare waschen? Sie wollten sich schon abwenden und sich ihrem Geschwätz widmen, ihren Träumen, die nie in Erfüllung gingen. Sie wollten Ahmed zuhören, der schon mal in Frankreich war. Er wurde gefasst, ausgeschafft, mit einem Vermerk in seinem Pass: «Refoulé!» Mit diesem Vermerk im Pass bekommt er niemals ein Visum für Europa. Und einen anderen Pass kriegt er nicht, ohne dass dieser Vermerk übertragen würde. Also Ahmed konnte nur noch Träume vermitteln. Und alle hörten ihm gespannt zu, wie er da über die Champs-Elysées schlenderte, von Café zu Café. Wie er mit Blondinen am Strassenrand sprach. Wie er in Kaufhäusern die Waren begutachtete, Warenhäuser, so gross wie das eigene Dorf.

Die Jungs hatten den Mageren noch im Augenwinkel, als plötzlich eine helle Flamme aufloderte, gefolgt von einem herzzerreissenden Schrei.

Zuerst standen sie nur da und betrachteten das Unmögliche, das Unsägliche, das Unvorstellbare: eine menschliche Silhouette, lodernd, fuchtelnd und schliesslich torkelnd und strauchelnd. Sie hatten kein Wasser, keine Decke, nichts in den Händen. Wie sollten sie diesem brennenden Menschen helfen? Und war ihm überhaupt noch zu helfen? In den Sekunden, in denen sie starr und mit aufgerissenen Augen die Schreie und die Bewegungen des Mannes beobachteten, erfasste das Feuer schon die Haare und einen Teil der Kleidung dieses Armseligen. Aus dem Gemeindehaus strömten Männer heraus, Frauen schrien verzweifelt vor den

Fenstern, sie schützten sich vor dem Anblick der Hölle mit ihren Tüchern und Händen.

Einer fing an. Er zog seine Jacke aus und warf sie verängstigt über den brennenden Körper, der nun am Boden lag und sich vor Schmerzen wälzte. Die Jacke fiel dem Feuer zum Opfer. Die Jungen rannten nun hin und schlugen mit Jacken und Hemden auf das Opfer ein, das Feuer schien nachzulassen. Einer zog sogar seine Hose aus und schrie und weinte und verfluchte diesen jungen Mann, den er nicht kannte.

Einer schrie: «Allahu Akbar – Gott ist gross!»

In seinen Worten und seiner Stimme ahnte man den Tod des nun leblosen, fast gänzlich verkohlten Körpers. Dieser Mann schien schon mal einen brennenden Körper gesehen zu haben. Er nahm sein Handy und rief die Ambulanz, worauf die herbeigerannten Angestellten der Gemeinde nicht gekommen waren, denn sie standen alle noch unter Schock da und wussten nicht, was zu tun war.

Die Ambulanz liess sich Zeit.

Zeit für die Gemeindeangestellten, um festzustellen, dass der Mann vor seiner Selbstverbrennung etwas in Richtung Gebäude, in Richtung Direktion, in Richtung des Gemeindepräsidenten geschrien hatte. Einer wiederholte einige Brocken: «Ich habe ihn gehört, vor fünf Minuten. Er schrie irgendwas von: ‹Ihr habt meine Würde genommen, ihr habt mir das nackte Leben gelassen, jetzt übergebe ich dieses elende Leben in die Hände Gottes und aus euren Klauen.› Aber ich hätte nie gedacht, verdammt, niemals hätte ich mir vorstellen können …» Dann verstummte der Mann und musste seine Tränen abwischen und ein leises Weinen unterdrücken.

Die Jungen standen nun im Kreis, hielten Ausschau nach der Ambulanz, die man in der Ferne hörte. Immer mehr Menschen rannten in die Richtung der Gemeinde. Die Angestellten wurden nervös, denn die ersten Herangelaufenen drohten: «Ihr habt ihn auf dem Gewissen, ihr schamlosen Unterdrücker, ihr Tyrannen!»

Die ersten Angestellten gingen zögernd wieder ins Gebäude. Einige Minuten später kamen drei bewaffnete Zivilisten und zwei Uniformierte aus dem Gemeindehaus und versuchten, die Menge auseinanderzutreiben. Sie drohten mit Schlägen. Aber die Meute wich nicht aus. Wäre die Ambulanz nicht in diesem Moment gekommen, die Sache wäre wohl schon dort eskaliert. Die Menschen machten dem Notarzt Platz, aber sie gingen keineswegs weg, obwohl immer wieder die Aufforderung kam: «Haut ab, verschwindet. Das ist ein Unfall. Hier habt ihr nichts verloren. Ihr behindert die Arbeit der Polizei und der Ambulanz!»

Zum ersten Mal schrie einer: «Es war kein Unfall. Das ist Mohamed. Er hat sich angezündet, weil ihr ihm das Leben zur Hölle gemacht habt.»

Der Junge wurde sofort gepackt und ins Haus geschleppt. Die geschockte Menge schrie aus Protest. Aber die Polizisten brachten ihn schnell ausser Sicht- und Hörweite. Der Notarzt und seine Helfer, auch der Fahrer, umstellten nun den Mann, den alle für tot hielten. Sehr schnell wurde er zugedeckt und davongetragen. Ein weiterer junger Mann schrie: «Es war Leila, holt sie heraus, sie soll sehen, was sie angerichtet hat. Sie hat ihn geohrfeigt, ich habe es mit eigenen Augen gesehen. Sie hat ihn angespuckt und geohrfeigt, Allah ist mein Zeuge!»

Auch diesem Jungen wurden schnell die Hände hinter dem Rücken gefesselt und er wurde an den Haaren ins Gebäude gezerrt. Leila war nicht da. Oder sie versteckte sich. Oder man versteckte sie.

Die Meute verliess den kleinen Vorplatz der Gemeindeverwaltung nicht. Immer mehr skandierten: «Tyrannen, Diebe, Schlächter, Mörder!» Der erste Schuss fiel …

Es war Winter.

Die Menge rannte davon, als die ersten Schreie zu hören waren. Niemand wurde verletzt, dennoch glaubten die meisten, der Schuss hätte jemanden getroffen. Aber niemand ging nach Hause. Sie folgten den anderen und diese folgten der Ambulanz ins regionale Spital. Dort standen sie und harrten aus, bis auch hier eine Kohorte von Polizisten ankam, diesmal schwerer bewaffnet, mit Tränengas, Gummigeschossen und Schusswaffen. Die Menge wurde schliesslich auseinandergetrieben, nur einzelne kleine Gruppen standen hie und da und diskutierten, debattierten regelrecht. Sie fuchtelten drohend mit den Armen, sie berieten sich …

Aber die Bullen waren wachsam. Sie verhinderten Versammlungen von mehr als drei Mann und so war die Sache bis zum Abend eigentlich geregelt, aus Sicht der Bullen …

Aber nicht aus Sicht der Jungs!

Am nächsten Tag erfuhr man, dass Mohamed Bouazizi schwerste Verbrennungen erlitten hatte und dass er nach Tunis transportiert werden sollte. Jemand hatte in Tunis angerufen und dort die Behörden beschworen, diesen Verrückten zu retten, sonst würde in diesem Kaff die Hölle ausbrechen. Und er muss hinzugefügt haben: «Schickt uns Verstärkung, es sieht nicht gut aus!»

In den nächsten Tagen war das Dorfbild von diesen mit Masken und Körperschutz ausgestatteten Polizisten der Sondereinheit geprägt. Die Bevölkerung wollte sich schon beruhigen, denn wer aus den Augen ist, ist gleich aus dem Sinn. Aber nicht die Jungen, die diesen Mann kannten. Er symbolisierte sie alle. Er hatte seinen Vater früh verloren und war für die ganze Familie verantwortlich. Und wenn sie ihn wirklich geohrfeigt hat, die Schlampe, dachten alle, dann werden wir diese Ohrfeige nicht hinnehmen. Sie galt uns allen. Sie schmerzt in unseren Gesichtern und unseren Seelen. Er hatte eine gute Ausbildung, wie du, Ali, aber er bekam keinen Job! Er verkaufte Gemüse und Früchte, wie du, Salem, aber die Bullen plagten ihn. Er hatte kleinere Geschwister, wie du, Najib, aber die Steuerbeamten, die Blutsauger, wollten ihm den letzten Dinar aus der Tasche nehmen. Er war Halbwaise, wie du, Afif, aber der Staat nahm darauf keine Rücksicht. Er arbeitete von morgens früh bis abends spät, wie du, Nasser, aber er hungerte dennoch.

Und sie? Sie stehlen täglich. Sie leben wie die Könige und rühren keinen Finger. Sie fliegen eigene Flugzeuge, feiern in Paris und London. Sie besitzen Ranches in Südamerika, Chalets in der Schweiz. Und alles von unserer Arbeit. Aus unserem mageren Einkommen. So werden sie nicht davonkommen.

War es Ali? Nein, der ist zwar im Reden ziemlich stark, aber er hat nicht den Mut. Vielleicht Mosbah oder Béchir. Ja, einer dieser beiden könnte es gewesen sein. Sie reden beide nicht viel. Sie sind seit Jahren arbeitslos, obwohl sie beide Diplome besitzen. Mosbah ist Lehrer, Béchir Informatiker. Aber weit und breit kein Job. Kaum eine Firma in der Region, die sie hätte anstellen können. Und wenn sie ihre Bewerbungen bis Sfax, Sousse oder gar Tunis schickten, so kam stets dieselbe Absage. Um einen Job zu bekommen, musst du so viel bezahlen, dass du dir den Job nicht leisten kannst. Ja, es war bestimmt Mosbah, der die Jungen in Bewegung setzte. Es war noch Nacht. Sie konnten ihr Kartenspiel nicht beenden. Es liess ihnen keine Ruhe. «Wie könnt ihr Karten spielen, während ein Freund an Verbrennungen stirbt. Glaubt ihr, die pflegen ihn in Tunis? In dieser entfernten Stadt, wo er keine Menschenseele kennt? Sie werden ihm den Rest geben. Ich sage euch, sie werden ihn töten!»

Das war zu viel. Die Jungen standen wie auf Kommando auf und warteten auf den «Befehl».

Mosbah wusste, dass Tunis alles daransetzen würde, Mohamed zu retten, denn einen Märtyrer konnten sie jetzt nicht brauchen. Aber er wollte nicht warten! In einigen Tagen würden so viele Polizisten in diesem Kaff sein, dass jeder Mucks im Keim erstickt werden würde.

Jetzt war die Gelegenheit gekommen, etwas auszurichten!

Und so gingen sie in die dunklen Strassen des Dorfes, bewaffnet mit einigen Handys, Steinen und Feuerzeugen.

Anfang Januar erlag Mohamed Bouazizi seinen schweren Verbrennungen. Und Mosbah fand in seiner Rede wieder die richtigen Worte! Die Hölle brach wirklich los in diesem sonst verschlafenen, vergessenen, verarmten Dorf. Und nicht nur in diesem Dorf …

Unsere Idee keimte in diesem Moment. Was wollten wir noch in einem Land, wo junge diplomierte Arbeitslose ihren Tag in den Cafés und unter Olivenbäumen mit Kartenspiel, Zigaretten und Tee verbrachten? Was wollten wir in einem Land, wo die Würde des Menschen einen Hundedreck wert war? Bekamen wir vielleicht jetzt endlich eine Chance?

Die Ereignisse überstürzten sich: Eine Welle von Protesten, Demos und Krawallen zog übers ganze Land. Plötzlich war es nicht mehr diese kleine Gruppe, angeführt von Mosbah, die die Polizeistationen angriff und Brandsätze warf. Hunderte solcher Gruppen, angeführt von Hunderten Mosbahs, zogen Tag und Nacht durch die Dörfer und Städte und randalierten, demolierten. Sie wurden geschlagen, ja, sie wurden beschossen, ja, sie wurden gefoltert und getötet, geschunden und ermordet. Aber sie gaben nicht auf, denn plötzlich folgten ihnen auch die Alten, auch die Beamten, auch die Reichen, auch die Politiker.

Eine Revolution begann …

Das Chaos breitete sich innerhalb weniger Tage aus. Die Küsten wurden nicht mehr kontrolliert. Sie zogen jeden Polizisten in die randalierenden Städte. Ja, da kam sie zum ersten Mal, die Gelegenheit. Es war Moncef, der nun hier tief im Mittelmeer neben mir liegt, Gott der Allmächtige vergebe ihm, der mich ansprach.

Es war an einem Abend, als wir gerade von einer Demo in Sousse zurückkamen. Es gab vier Tote, viele Verletzte. Wir leckten unsere Wunden. Wir weinten, ja, wir weinten um unsere verletzten Freunde und unsere getöteten Landsleute. Wir beteten im Chor für sie. Wir waren sicher, dass Ben Ali noch lange schiessen würde. Unsere ersten Zweifel kamen auf. Wer würde der Nächste sein, den wir beweinen und begraben würden? Wer würde nach der nächsten Demo nicht mehr unter uns sein? Moncef zog mich beiseite.

«Weisst du, dass die Kontrollen an den Küsten gleich Null sind? Weisst du das? Was machen wir hier noch?»

»Wir kämpfen, verflucht!»

«Wir kämpfen? Wie lange noch? Bin ich morgen noch da? Bist du morgen noch da? Das ist kein Kampf, mein Freund, das ist ein Gemetzel! Und die ganze Welt schaut zu. Hilft uns jemand? Nein! Sie sind mit Börsenproblemen, mit Auf- und Abwertung ihrer Währungen, mit Haushaltsbudgets beschäftigt. Was interessiert sie schon unser Schicksal? Sie haben schon ihre Flüge hierher annulliert. Sie lassen uns voll im Stich.»

Er beruhigte sich endlich. Dann erklärte er mir ein paar eigenartige Details, die er nur von jemandem haben konnte, der so was schon gemacht hatte. Einzelheiten über Preise, Verstecke, Verhaltensweisen, Details zum Boot, und er beschrieb mir Lampedusa!

Ich hörte den Namen zum ersten Mal aus dem Mund eines Freundes. Und ich hörte ihn nicht in drohender, abweisender Manier, nein, er klang wie eine Einladung in ein fernes reiches Land, das alles hatte, was wir hier vermissten: Würde, Arbeit, Lohn und Freiheit! Gehen, wohin man will, tun, was man möchte, sogar die Arbeit aussuchen, die man machen will.

Von diesem Abend an war es nur eine Frage der Finanzierung: Täglich gingen wir auf die Strasse, aber abends mieden wir sie immer mehr, denn jetzt hatten wir etwas zu verlieren: Lampedusa, einen Schatz, den auszugraben sich lohnte. Und da durften wir unser Leben nicht riskieren. Wir kamen uns wie Feiglinge vor, ja, ich gebe es zu, aber wir überredeten einander und überzeugten uns gegenseitig, dass es richtig war zu kneifen.

Während im ganzen Land an jedem verflixten Tag weitere Tote zu beklagen waren, schmiedeten wir unsere Pläne. Es verlief alles ziemlich gut. Als ich dich um deinen Segen bat, Mutter, hast du geweint. Du hast ihn mir schliesslich gegeben, aber eben unter Zwang. Niemand sollte den Segen seiner Mutter verletzen. Du hattest Angst, weil du eine Frau und eine Mutter bist. Ich hatte Mut, weil ich jung und dumm war.

Am 14. Januar floh er, der Tyrann. Einige seiner Helfershelfer flohen mit oder verliessen ihn sogar vorher. Und einige flohen nach ihm. Jetzt war das Chaos perfekt. Alle Sicherheitskräfte waren im Land beschäftigt. Die ersten Brigaden der Polizei zogen sich sogar in ihre

Häuser zurück, aus Angst, nun von der Bevölkerung gelyncht zu werden. Die Küsten waren frei!

Es sollte Zarzis sein. Von diesem kleinen Hafen aus sollten wir ausfahren. Ich war noch nie so weit im Süden gewesen. Woher sollte ich auch das Geld dafür haben? Und was wollte ich dort? Wir haben dort keine Verwandten, also was suchte ich in Zarzis?

Moncef, die gute Seele, organisierte alles, führte ständig Telefonate mit irgendwelchen Leuten. Jeden Morgen rief er mich an oder traf mich in einem Café und gab mir die letzten Instruktionen. Wir müssten uns etwa zwei Wochen verstecken, bis der Kapitän einen günstigen Moment und auch das richtige Wetter fände.

Die nächsten Tage waren wie Jahre. Ständig verfolgten wir die Nachrichten auf den tunesischen Sendern, auf Al Jazira, dann zappten wir rüber zu Al Arabiya, dann auf CNN und immer wieder France 2. Eigentlich, wenn ich ganz ehrlich bin, interessierten uns die Ereignisse nicht mehr so. Der Tyrann, der Dieb, der Mörder und Folterer war samt Familie und engsten Freunden geflohen. Viele von ihnen schafften die Flucht nicht und wurden gefangen genommen. Wir hatten die Revolution zu Ende geführt. Jetzt waren Politiker und Diplomaten gefragt, keine jungen Demonstranten. Also konnten wir ohne schlechtes Gewissen gehen.

Es kamen unehrenhafte Zeiten. Plünderungen, Überfälle auf Unschuldige, Diebstähle und andere unwürdige Dinge, aber ich will nicht darüber sprechen. Wir trafen uns zu fünft jeden Tag und besprachen alles: den Proviant, die Kleidung, die Geheimhaltung. Und immer, wenn jemand von uns ein schlechtes Gewissen bekam, erwähnte Moncef, dass die Elite des Landes schon geflohen sei. Niemand wolle mehr in diesem desorganisierten Land bleiben, wo es keine Arbeit und keine Zukunft gebe. Und wir nickten. Er habe schon viele Nachrichten von Freunden erhalten, die in Frankreich Unterschlupf und sogar Arbeit gefunden hatten. Die Ersten hätten schon ihre Schulden für die Überfahrt bezahlt. Sie sparten jetzt für eine rosige Zukunft.

Ich weiss nicht mehr, wer es war, aber einer erwähnte die Leichen, die sie vor Kurzem aus dem Meer gezogen hatten. Doch Moncef beschwichtigte: «Wenn diese Idioten einfach in ein Boot steigen, das von einem anderen Idioten geführt wird, der nicht einmal genügend Treibstoff kalkulieren kann, dann sind sie selber schuld. Wir haben einen zuverlässigen, erfahrenen Seemann und ein perfektes Boot. Wir haben genug Platz, der Mann hat es nicht nötig, die Harragas wie Sardinen zu transportieren. Er macht saubere Geschäfte, versteht ihr?»

Und wir verstanden.

Unsere ernste Lage, unsere Ängste, Hoffnungen und Unsicherheiten überspielten wir oft. So erzählte Najib von einem algerischen oder marokkanischen Sketch, wo ein Schlepper seinen Opfern sogar eine Reisergarantie-Versicherung angeboten hatte, eine Annullationskosten-Versicherung und die Wahl zwischen Halbpension und all-inclusive. Wir lachten nicht wirklich aus vollem Herzen.

Dann tauchte Ezzeddine auf. Und fast hätte er uns alles vermasselt. Ezzeddine lebt in der Schweiz. Er ist dort verheiratet. Keine Ahnung, was er arbeitet, aber er hielt uns einen Vortrag:

«Kapiert doch endlich, sie wollen euch nicht! Schon auf Lampedusa behandeln sie euch wie Dreck, sie werfen euch ein paar Plastikdecken, hartes Brot und ein stilles Wasser zu. Sie schenken einem streunenden Hund mehr Aufmerksamkeit und Liebe. Und dann schauen sie euch mit diesen Blicken an. Überall seid ihr Verdächtige, unerwünschte Eindringlinge. Mit der Zeit geben sie euch das Minimum, so viel, dass ihr knapp überleben könnt. Das ist nicht das Schlimmste. Wenn ihr weiterfahrt, in Richtung Frankreich oder Schweiz, werdet ihr nicht mit offenen Armen empfangen. Ich habe sie gesehen, jene, die es ‹geschafft› haben, wie ihr es sagt. Sie sind depressiv, dürfen nicht arbeiten, nicht verdienen, kaum Kontakt zur Bevölkerung haben. Sie bringen euch in kleine Dörfer, und auch dort eher an den Rand. Kapiert doch endlich: Sie wollen euch nicht. Nur aus humanitären Gründen müssen sie eure Dossiers prüfen. Ihr werdet in einem oder zwei Jahren ausgeschafft, nichts in den Händen ausser einer schlechten, bitteren Erfahrung und verlorener Zeit!»

Er wollte nicht mehr aufhören, auf uns einzureden.

«Ihr wollt also nach Frankreich oder Italien? Ihr schreit dann: ‹Vive la France!›? Ihr wollt unbedingt zu Sarkozy, der bis zum letzten Moment Ben Ali unterstützt hat, oder gar zu Berlusconi, der Gaddafi Millionen Euro gegeben hat, damit er solche wie euch von Europa fernhält? Besinnt euch doch!»

Wir schwiegen nachdenklich. Nur Moncef wagte,

ihm zu widersprechen:

«Hört, hört. Und das sagt einer, der jeden Sommer mit seinem BMW hier herumkutschiert, die Mädchen verrückt macht, uns zeigt, dass wir alle Nieten sind. Und damit wir auch Nieten bleiben, warnt er uns vor der Abreise. Wenn einer von euch auf ihn hört, ist er der grösste Idiot! Gerade dieses Jahr oder diese zwei Jahre, die wir dort bleiben dürfen, sind eine Chance, hundertmal besser als ein Diplom in diesem Land. Die Reise wird beschwerlich, der Aufenthalt kein Spass, die Wochen und Monate hart. Aber sind wir Männer – oder sind wir keine?»

Wir sind Männer!

Zumindest waren wir Kerle, bis dieses kleine Lüftchen auf dem Mittelmeer unsere ganze Aufmerksamkeit und die des Kapitäns in Anspruch nahm. Aus unseren Sprüchen, die wir während der ersten Stunden klopften, aus den Projekten, die wir einander beschrieben, wurden Winseln, Wimmern und schliesslich laute Gebete. Zuvor sagte Moncef, er wolle in Italien Coiffeur werden. Er hatte nach seinem Schulabschluss das Einzige getan, wofür er Geld bekam: Er setzte sich einige Wochen zu seinem Cousin und sah zu, wie dieser Haare schnitt. Immer öfter durfte er den Kunden mehr antun, wie er es ausdrückte: Haare waschen, wenn sie es wollten, das Gesicht mit dem Pinsel voller Schaum schmieren, damit sein Cousin sich an die Arbeit machen konnte, oder er schnitt bei jungen Kunden und Kindern grob die langen Haare weg, bevor sein Cousin die Arbeit professionell zu Ende brachte. Dafür gab es so viel Geld, dass er sich täglich zwei Brote, eine Packung Weichkäse der Marke Président und ein halbes Päckchen Zigaretten leisten konnte. Wenn es gut lief und grosszügig Trinkgeld gegeben wurde – was aber wirklich selten passierte –, dann konnte er eine Cola im Café nebenan trinken.

Aber Moncef ist clever und lernfähig. Er konnte seinen Cousin bald vollwertig ersetzen und war immer öfter sein Stellvertreter, weil dieser dank eines Bruders in Frankreich ein Stück Land kaufen und Schafe züchten konnte. Seine Abwesenheiten wurden immer länger und mancher neue Kunde dachte, der Laden gehöre Moncef.

Moncefs Eltern sind arm. Meine auch. Auch jene von Saber und von Samir. Ich kenne niemanden mit reichen Eltern, nicht persönlich. In unserem Kaff arbeiten die wenigen, die Arbeit haben, hart. Und sie bleiben arm. Genauso arm wie die vielen, die keine Arbeit haben. Meine Mutter sagte mir oft, ich solle mich doch fragen, wie die Vögel denn essen und trinken. Allah sorge für sie. Und so werde Allah auch für uns alle sorgen. Aber Allah hat sich abgewendet, nachdem wir diese habgierige Familie an die Macht liessen, nachdem wir freiwillig jubelten und klatschten, als er die Macht ergriff. Klar, wir können heute sagen, wir hätten es nicht gewusst. Trotzdem sind wir selbst schuld. Jahr um Jahr, Wahlperiode um Wahlperiode erneuerten wir unser Vertrauen in unseren geliebten Herrscher.

Er war nun geflohen, und wir flohen auch.

Die verhängnisvolle Nacht brach am 15. März herein. Wir waren eine Woche zuvor in ein kleines Häuschen transportiert worden, als es schon dämmerte. Der Fahrer wollte sogar noch eine halbe Stunde im beladenen Auto warten, bis wirklich Dunkelheit herrschte. Wir zogen in dieses Häuschen und wurden hineingestossen wie Vieh. Der Fahrer übernahm auch diese Aufgabe. Jeder von uns hatte eine klar definierte Habe dabei: das für die Reise benötigte Geld, das ein anderer abholen würde, in der Nacht der Ausfahrt, nicht vorher. Moncef wollte uns damit die Seriosität dieses Geschäftsmannes beweisen:

«Versteht ihr, jeder andere nimmt das Geld Wochen im Voraus. Und mancher sass dann da und wartete auf ein Boot, das niemals kam …»

Wir lebten fünf Tage versteckt in diesem Häuschen. Das karge Essen und das Wasser wurden uns täglich gebracht. Es war das Minimum. Es kam mir vor, als wollte der Kapitän Gewicht sparen auf seiner Fahrt. In dieser kurzen Zeit freundeten wir uns an. Sie kamen aus dem ganzen Land: Sfax, Gabès, aus dem nahen Medenine, aus Sousse und einer sogar aus Tunis. Auf unsere Frage, wieso er denn erst in den Süden käme, um wieder gen Norden zu fahren, antwortete er, dass die Küsten im Norden unsicher seien. Nicht etwa, dass die Küstenkontrollen wieder aufgenommen worden wären, nein, aber Überfälle fänden statt auf alle, die eine Andeutung einer Flucht machten, denn sie trugen oft Geld bei sich. Es fuhren viele Boote nach Italien und Frankreich, aber es kostete mehr als von Zarzis aus.

Wie schon gesagt, die verheerende Nacht vom

15. März kam wie eine Wolke, auf die man sich erst freut, weil sie endlich die Hitze mildern, vielleicht sogar ein kühles Nass abgeben würde. Niemals denkst du bei einer solchen Wolke, dass sie der Vorbote einer Sintflut ist. Wir hörten vor dem Häuschen aufgeregte Gespräche mehrerer Männer. Es ging um Geld. Jeder von uns tastete seine Taschen oder sein kleines Gepäckstück ab, um festzustellen, ob er die nahezu zweitausend Dinar dabeihatte. Wir schliefen mit dem Geld unter den Kopfkissen, kontrollierten stündlich, ob wir es noch hatten, niemand traute seinem Nachbarn. Wenn wir aufs Klo gingen, das ausserhalb des Hauses stand, nahmen wir es mit. Es war das Ticket zum Paradies Lampedusa! Da sollte man es besser nicht verlieren.

Wir hatten alle unser Geld dabei. Da verstanden wir die immer näher kommenden Männer. Es ging um die Aufteilung unter ihnen. Der Organisator der Reise wollte dem Kapitän nicht den vereinbarten Preis bezahlen, weil zwei Jungen fehlten. Sie hatten in letzter Minute abgesagt, ihre Eltern hätten sie regelrecht eingesperrt. Oh Mutter, hättest du mich doch auch eingesperrt! Aber ich wäre geflohen. Ich hätte alles daran gesetzt, dieses Land zu verlassen.

Der Streit in letzter Minute war ein schlechtes Omen. Der verärgerte Kapitän gab nach und der Organisator kassierte unsere Scheine, ging wieder hinaus und händigte dem Bootsführer, einem Mann um die vierzig mit einer Wollkappe auf dem kahl anmutenden Kopf und einem Dreitagebart, wohl seinen geringeren Anteil aus. Dieser murmelte etwas und verschwand. Fünf Minuten später wurden wir in diese alte Karre geladen, wie Schafe, die kurz vor dem Opferfest zum Verkauf transportiert wurden. Der Fahrer warnte uns davor, uns an die Tür zu lehnen, er hätte sie schon lange reparieren müssen. Wenn jemand sich festhalten müsste, sollte er sich entweder auf den Boden legen oder stehend an die Decke fassen.

Wir fuhren eine Weile über Feldwege. Der Fahrer schien jede beleuchtete Strasse zu meiden. Er erklärte nur, das Militär kontrolliere die Hauptstrassen. Und niemand von uns wollte in eine Militärkontrolle tappen. Plötzlich fiel mir mit Schrecken ein, dass es schon nach achtzehn Uhr war. Es herrschte Ausgangssperre, verflucht. Die waren imstande, auf uns zu schiessen, und wenn wir Glück hätten, zielten sie auf die Reifen. Ich verstand endlich, wieso der Fahrer diese Route nahm und auch nur mit Standlicht fuhr. Endlich, endlich hielt er an. Es forderte uns auf, sitzen zu bleiben und keinen Mucks zu machen. Nach ein paar Minuten klopfte er an die Seitenwand und sagte: «Raus mit euch, die Luft ist rein.»

Wir waren nur sieben und das machte für mich noch keinen Sinn. «Sind da noch andere?», fragte ich den Fahrer. «Ja, klar, meinst du, der Kapitän fährt euch allein rüber? Die anderen sind schon im Boot, ihr seid die Letzten. Los jetzt, immer in Richtung dieses kleinen Lichts. Geht hintereinander, einer hinter dem anderen. Und du dort mit der weissen Jacke, zieh die Jacke aus, hoffentlich hast du was Dunkles an, sonst gehst du oben ohne zum Boot!»

Tatsächlich, es leuchtete eine einzige Lampe, es war eigentlich eine Taschenlampe. Die erkannten wir erst, als wir näher kamen. Ein Mann stand am Strand, hielt ein kleines Boot mit einem Seil fest und leuchtete in unsere Richtung. Das Meer war ruhig.

«Los, los, los», hörten wir ihn sagen. Wir kletterten ungeschickt in das kleine Ruderboot, das uns ein paar Minuten später zu einem grösseren Boot brachte. War es ein Schiff? Ich habe keine Ahnung von solchen Sachen. Viele Menschen sassen oder standen schon drin und halfen uns hinein.

Achtzehn Stunden sollte unsere Fahrt dauern. Das war das Erste, was der Kapitän uns mitteilte, der niemals seine Kopfbedeckung abnahm, als hätte er eine Glatze, derentwegen er sich schämte oder – noch schlimmer – Hörner auf dem Kopf, die er verstecken wollte. Mit dieser Information begründete er die strenge Rationierung der Lebensmittel: Es würde auf dem ganzen Weg nur ab und zu einige Kekse und ein paar Becher Milch oder Wasser geben. Er nannte auch endlich die mit Spannung und Schätzungen erwartete Zahl: 131 Passagiere und drei Besatzungsmitglieder. Neben ihm waren das ein Techniker, der ständig konzentriert auf den Motor achtete, und ein Mann, dessen Funktion uns erst später bekannt wurde.

Der Kapitän verteilte die Menschenmasse so auf dem Boot und im Unterdeck, dass das Gleichgewicht perfekt war. Er forderte uns auf, keine hektischen Bewegungen zu machen, keinen Ärger, wir seien hier alle Schicksalsgenossen, er nannte uns sogar Brüder!

Die Nacht verlief ruhig, kaum einer schlief, nur diejenigen, die aus der Ferne kamen oder vor lauter Aufregung seit Tagen kein Auge zugemacht hatten.

Bis auf eine einzige Ausnahme waren wir alle unter dreissig. Ein einziger Mann mit grauen Schläfen und einer Brille, fein rasiert, als würde er auf eine Kreuzfahrt gehen, sass ruhig und nachdenklich in einer Ecke. Dass wir Jungen flohen, weil wir keine Zukunft in diesem Land sahen, das leuchtete wohl ein. Aber ein Mann um die fünfzig, der musste doch eine Familie zurücklassen. Ich nahm mir vor, ihn zu fragen. Doch dazu sollte es nicht mehr kommen.

An diesem letzten Morgen meines Lebens stand ich auf Deck und betrachtete die wunderbare Schöpfung Gottes: ein endloses Meer, eine aufgehende Sonne am Horizont. Wir sahen grosse Frachtschiffe und einige Bohrinseln. Ich bedauerte zutiefst, dass ich von dieser Parallelwelt, die es schon immer gegeben haben musste, mein ganzes junges Leben nichts gewusst hatte.

Ich dachte an dich, Mutter. Was glaubst du, wollte ich als Erstes tun, wenn ich in Italien wäre und Arbeit hätte? Ich meine, was würde ich mit meinem ersten Lohn tun? Ich würde dir endlich dieses kleine, kalte Zimmer renovieren lassen, das dich im Winter wie im Sommer plagt und nicht schlafen lässt! Dann würde ich meinem Vater einen Bournous kaufen, aus Gabès, dessen reine Wolle ihn wärmen sollte. Ja, das waren meine Ziele.

Doch daraus wird nichts, Mutter.

Das Boot verlor plötzlich merklich an Fahrt. Der Kapitän sah immer nervöser aus und sein technischer

Assistent schwitzte trotz der kühlen Brise. Er schaute immer wieder zum Himmel hoch, ein erfahrener Seemann wahrscheinlich, denn wer hätte gedacht, dass an diesem sonnigen Tag ein Wolkenbruch entstehen würde? Wie kann aus heiterem Himmel zuerst eine kleine Wolke erscheinen, die dann Verstärkung bekommt, ein Lüftchen, das andere Wolken herbeibläst, ein Wind, der dunklere Wolken bringt, die die Sonne verdecken, und schliesslich …

Nun liegen wir da. Moncef, der Tapfere, der immer an unser Überleben glaubte, und Jamel, der Ängstliche, der eigentlich im letzten Moment absagen und umkehren wollte. Hätte der Organisator nicht schon sein Geld in der Hand gehabt, wäre er wohl zu seiner Mutter zurückgegangen. Jamels Vater lebt schon lange in Frankreich. Aber er hatte das mit dem Familiennachzug irgendwie verpasst und so lebte Jamel mit seiner Mutter und seinen vier Geschwistern in Kasserine. Die Unruhen dort waren besonders heftig. Er besprach sich mit seinem Vater. Dieser wollte ihm die Reise ausreden. Aber schliesslich gab er ihm das Geld, nachdem die Mutter ihn angefleht hatte:

«Was will der Junge denn hier. Er hatte unter Ben Ali keine Arbeit. Und in diesem Chaos wird es sowieso weniger Arbeit geben. Er soll zu dir kommen. Versteck ihn eine Weile. Besorg ihm Arbeit. Viele haben das so gemacht. Und nun haben sie in Frankreich Arbeit und ein gutes Einkommen. Klar, er würde Jahre nicht nach Hause kommen können. Bis er seine Papiere hätte. Aber so viel Geduld müssen wir wohl aufbringen.»

Und der Vater drohte:

«Mein Sohn, du hast ein falsches Bild von Frankreich. Vergiss die Werbesendungen, vergiss die Filme, vergiss, was du von Touristen gehört hast. Es ist schrecklich hier, besonders, wenn du keine Arbeit hast. Ich kann dich nicht durchfüttern. Und sie werden dich von Lampedusa aus nicht weglassen. Du wirst eingesperrt. Das haben wir von den wenigen gehört, die es bis hierher geschafft haben. Aber wenn sie hier der Polizei in die Fänge gehen, werden sie umgehend nach Tunesien zurückgeschickt. Überleg es dir noch mal.»

Jamel schien es sich ausgerechnet fünf Minuten vor Abfahrt in Richtung Boot noch mal überlegen zu wollen. Er zeigte erste Anzeichen von Zweifeln, als er den Streit draussen vor dem Häuschen hörte. Als der Organisator aber um sein Geld bat, mit einem sicheren, strengen, fordernden Blick, als wolle er uns sagen: «Ich habe euch eine Woche lang durchgefüttert, schon dafür schuldet ihr mir was», da wurde er weich, gab wortlos die fast zweitausend Dinar in einem gelben Umschlag und setzte sich ebenso wortlos nieder.

Auch sein Schicksal wurde damit besiegelt.

Wir verloren einige Stunden. Der Techniker war ununterbrochen an seiner Arbeit und die ersten «Allahu Akbar» kamen aus verschiedenen Ecken. Die Angst – es war noch nicht die Panik – sah man den Gesichtern an. Niemand wagte auch nur ein Wort zu sagen, weil wir kurz zuvor die Rolle des anderen Assistenten erfahren hatten: Am selben Morgen früh hatte er noch freundlich Biskuits und Milch verteilt, nun entpuppte er sich als Sklaventreiber. Er drohte damit, jeden über Bord zu werfen, der nicht seinen Instruktionen folgte. Als das Boot wieder an Fahrt gewann, dunkelte es schon. Der Assistent, der auch nicht zum ersten Mal auf einem solchen Boot war, wusste oder ahnte zumindest, was auf uns zukam. Aber all seine Autorität und seine Kompetenz sollten die Katastrophe für einige von uns nicht verhindern.

Durch die Panne hatten wir schon mehrere Stunden hier gesessen, gestanden und gelegen. Wir hatten gegessen, gekotzt und gepisst. Einige konnten ihre Aufregung nicht unter Kontrolle halten und mussten einen Hafen benutzen, in einer Ecke, wie die Hunde.

Es muss spät nachmittags oder am frühen Abend gewesen sein, als es losging. Wassertropfen sausten unerwartet auf uns herab, grosse Tropfen, die nichts Gutes ahnen liessen. Wie hätten wir diese Tropfen auf unseren Feldern gewünscht. Wie hatten wir uns gefreut, wenn es mal so dunkel wurde und eine vielversprechende Brise wehte. Aber heute und hier auf offener See war es alles andere als vielversprechend.

Der Kapitän fluchte, der Assistent gab Instruktionen, die kaum jemand hörte. Nur der Techniker war ruhig, er hatte seinen Job gemacht, kauerte an Backbord und harrte der Dinge, die da kamen. Die Kappe des Kapitäns drohte davonzufliegen, er hielt sie mit einer Hand fest, als wäre eine Entblössung seines Hauptes schlimmer als das Kentern dieser Nussschale.

Das Boot schaukelte deutlich. Wir konnten nicht mehr feststellen, ob das Wasser aus den höher werdenden Wellen oder aus dem Himmel kam. Die kaum hörbaren Befehle des Assistenten lauteten: «Eimer!» Das war das Einzige, was wir verstanden. Wir nahmen Eimer in die Hände und versuchten, das Wasser aus dem Boot zu schöpfen. Zehn, vielleicht fünfzehn kleine Eimer in zwanzig, vielleicht dreissig Händen von zehn, vielleicht fünfzehn jungen Männern gegen das Mittelmeer und den Himmel.

Wir hatten nicht die geringste Chance.

Das Boot lag schief. Der Kapitän liess ein paar Schwimmwesten in die schreiende Menge werfen. Wir hatten keine Ahnung, wie diese Dinger zu verwenden waren, die meisten, die so ein orangenes Ding ergattern konnten, legten es einfach wie ein Gilet über. Nicht alle konnten den Bauch des Bootes durch die kleine Luke verlassen. Der Ausgang war plötzlich verstopft, was weiss ich wieso. Vielleicht lagen schon Ohnmächtige oder gar Leichen im Unterdeck und hinderten sie am Aufstieg. Wir rutschten von Backbord nach Steuerbord. Ich hatte mir vor der Abreise nur das eingeprägt: wo in einem Boot vorn und wo hinten ist. Nur für den sehr unwahrscheinlichen Fall, dass der Kapitän solche Meldungen machen würde, im unglaublich seltenen Fall eines Problems. Das hatte damals Moncef gesagt.

Nun kam dieses unwahrscheinliche, so seltene Problem auf uns zu: Wasser drang von oben ins Unterdeck und wir wussten, einige würden noch im Boot ertrinken. Mehr als dreissig junge Männer kämpften um ihr Leben. Die Freundschaften und Verwandtschaften waren nun belanglos. Jeder versuchte, seine eigene Seele zu retten.

An was und an wen denkt ein Mensch in einem solchen Moment? Wie verhält man sich? In diesem Häuschen in Zarzis hatten wir viel Zeit, um darüber nachzudenken. Wir sprachen nicht oft darüber. Nur an einem Abend, nachdem einer der Passagiere sich hinausgeschlichen und Bier organisiert hatte, von dem Moncef und ich nichts tranken, da lockerten sich die Zungen plötzlich. Zuerst waren natürlich die Träume da … Von Reichtum, schönen Frauen und Arbeit bis zum Abwinken war die Rede. Dann sagte einer, ich weiss wirklich nicht mehr, wer:

«Wenn das Boot kippen würde, woran denkt man in einem solchen Moment eigentlich?»

Totenstille. «Ich glaube, du denkst an gar nichts. Du versuchst nur, zu überleben. Solange du atmest, konzentrierst du dich drauf, dein Leben zu retten.»

«Nein, ich denke, dein ganzes Leben geht an dir vorbei wie ein Film. Das sagen viele, die an diese Grenze gegangen sind.»

«Du denkst nur an Allah und das Paradies. Du betest, wenn dir die Koranverse nicht entfallen, du betest bis zum letzten Atemzug.»

«Ich glaube, ich würde an meine Mutter denken. Sie ist die Letzte meiner Familie, die mich in die Arme genommen und mich geküsst und gesegnet hat, dabei weinte sie ununterbrochen und konnte nur stammeln. Es brach mir das Herz, als ich mich von ihr losreissen musste.»

Nun war es so weit. Ich dachte an dich, Mutter, ja, an deine letzten Worte, die ich nicht mehr wiederholen will, denn sie stechen wie scharfe Messer. Und dann dachte ich an mein Land. Ja, ich war selbst erstaunt über mich. Der Gedanke an Tunesien liess mir keine Ruhe, ich versuchte mit allen Mitteln, an etwas anderes, jemand anderen zu denken. Aber es gelang mir nicht. Mir kamen diese vielen Toten in den Sinn, die sich den Scharfschützen und brutalen Polizisten der Spezialeinheiten boten und dabei wussten, dass sie abgeknallt werden konnten. Ihre letzten Worte «Tahya Tounes – Vive la Tunisie» und ihre Gebete waren voller Würde, Mut und Selbstlosigkeit. Und hier ertranken ein paar Ratten auf der Flucht, ein paar Feiglinge, die es besser haben wollten als ihre Landsleute. Einen Moment lang kam es mir vor, als verdienten wir es. Aber mein Überlebensdrang obsiegte am Schluss. Wir hatten nicht bedacht, dass die Wellen gleich auf das Boot klatschen und uns wie Fliegen zerdrücken würden. Ich sah plötzlich Licht von oben. Ich dachte schon, wir hätten das Irdische verlassen. Aber es waren Helikopter, zwei Helikopter kreisten über uns und leuchteten mit starken Scheinwerfern auf das Boot und seine Umgebung. Ich sah die ersten Menschen auf dem Wasser strampeln, sah weitere starr auf dem Wasser liegen, mit dem Gesicht nach unten.

Oh wie wünschten wir uns in diesem Moment, gerettet zu werden! Wie wünschten wir uns, diesen Schritt nie getan zu haben. Unsere Sprüche … Von wegen, wir würden niemals zurück in dieses Land gehen! Wir würden eher sterben, als wieder nach Tunesien zurückgeschickt zu werden! Wenn man uns nun angeboten hätte, wir könnten nach Hause? Mit Handkuss hätten wir es angenommen. Jeder hätte gelogen, wenn er diesen grauenhaften Tod, der uns nun ziemlich sicher bevorstand, anstelle seiner Heimat mit all ihren Problemen gewählt hätte. Wir waren auf der falschen Seite des Bootes, denn die Helikopter konzentrierten ihr Licht auf die andere Seite, wo viel mehr Menschen ins Wasser gesprungen waren. Seile hingen an den Helikoptern, Taucher sprangen ins Wasser.

Moncef konnte schwimmen. Er schleppte mich und Jamel auf die andere Seite, damit wir vielleicht entdeckt und gerettet würden. Gott der Allmächtige rettet, wen Er will. Ja, plötzlich hing ein Seil zwischen uns dreien. Ich schluckte schon Wasser, Jamel schien ohnmächtig zu sein und hätte ihn Moncef losgelassen, er wäre schon versunken. Ich verdanke Moncef wohl etwas, was mir noch kein Mensch gegeben hat, ausser dir, Mutter, und Gott: zehn Minuten Leben. Es waren seine Worte, die mich am Leben hielten. Seine Hoffnung und Zuversicht. «Das Seil», schrie er immer wieder, «das Seil!»

Er hielt es schon in der rechten Hand. Und er musste sich entscheiden, mich oder Jamel mit der Linken festzuhalten. War ich näher? Hatten wir zwei eine tiefere Freundschaft? Jamel sank schon. Ich hielt die Hand von Moncef und konnte bereits nur noch aus der Ferne hören, was er schrie. Ich sah auch seine Silhouette nicht mehr, nur zwei oder vier kleine glitzernde Sterne am Himmel, waren es die Scheinwerfer?

Hätte er sich bloss an das gehalten, was er in diesem Häuschen in Zarzis behauptet hatte! Hätte er sich auf sein eigenes Leben konzentriert, dann würde er zu den

Überlebenden gehören und nicht neben mir liegen und langsam verwesen. Meine Hand glitt aus seiner, denn ich verlor die Kraft. Plötzlich spürte ich seine beiden Arme um mich herum, er muss das Seil losgelassen haben. Vielleicht wollte er mich zuerst hochziehen lassen. Das Seil muss aber innert Sekunden wieder hochgezogen worden sein, denn ich hörte nur noch seinen lauten Schrei in dieser dunklen Nacht: «Neeeeein!»

Was dann geschah, kann ich nur ahnen. Moncef muss versucht haben, mich in seinen Armen über Wasser zu halten und irgendwie auf uns aufmerksam zu machen. Aber ich denke, man bekommt dieses rettende Seil nur einmal. Nimm es oder lass es. Rette dich selbst oder versinke. Vergiss den Freund, den Verwandten, den Landsmann, den Bruder!

Ich muss ihn mit in die Tiefe gezogen haben. Vielleicht starb ich ganz einfach, weil ich nicht schwimmen konnte, und Moncef starb aus Verzweiflung. Nun liegt er da und wir treiben mit dicken Bäuchen langsam an die Oberfläche. Vielleicht suchen sie da oben nach Überlebenden und Leichen. Vielleicht bringen sie uns dann in die Heimat, um begraben zu werden. Ich hoffe, Mutter, du wirst mich nicht sehen müssen. Ich hoffe, sie bringen mich in einem versiegelten Sarg.

Meine Leiche muss die leichteste sein, denn das Wasser fing mit mir an. Aber dann taucht Jamel neben mir auf und Moncef, der Robusteste, folgt uns. Vielleicht hat er am längsten gestrampelt und am meisten Wasser geschluckt. Oder vielleicht war es umgekehrt. Wer ist leichter? Der, der am längsten um sein Leben gekämpft hat? Der am wenigsten Wasser geschluckt hat? Die Fische folgen uns, kleine leuchtende Viecher, die immer mehr von unseren Körpern wegnagen.

Ich wollte so gern nochmals die Sonne sehen auf diesem Meer. Ich wollte Gottes Schöpfung nochmals bewundern, aber eine kleine Welle dreht meinen Körper um, kurz bevor wir an der Oberfläche auftauchen. Jamel liegt auch auf dem Bauch. Moncef aber breitet seine Arme auf dem Wasser aus, als erwarte er jemanden, den er umarmen will. Er wird mir die Schöpfung Gottes beschreiben.

Sie werden uns finden. Sie werden uns heimschaffen.

Seit zwei Tagen versuche ich, alle meine Verwandten und Freunde zu warnen. Sie sollen zu Hause bleiben. Sie sollen den Traum vom Paradies Europa begraben. Aber meine Mitteilungen werden sie nicht erreichen, es heisst ständig:

«Tunisie Telecom. Ihre Mitteilung konnte leider nicht verschickt werden. Versuchen Sie es später wieder.»

Mokhtar

Mein Vater! Mein lieber Vater. Ich habe gute Nachrichten für dich und die Unsrigen. Ich habe es geschafft! Dein Sohn, Mokhtar, der Auserwählte, ist in Europa, im sagenhaften Europa. Die Reise war nicht unbeschwerlich, sie war sogar gefährlich. Aber welche Gefahr hält mich, deinen Sohn, davon ab, das Paradies zu erreichen? Das Geld, das ich zusammenkratzen musste, ist gut investiert. Ich werde es bald zurückzahlen können, sobald ich in der Schweiz eine Arbeit gefunden habe. Verzeih, Vater, du hättest mich nie gehen lassen mit deiner Einstellung, was diese Flüchtlinge betrifft, die du Deserteure nennst. Es tut mir leid, dass ich euch so lange im Ungewissen gehalten habe. Verzeiht mir, dass ich für euch wohl als verschollen galt, oder dass ihr mich vielleicht in einem Gefängnis vermutet oder, noch schlimmer, für tot gehalten habt.

Ich bin wohlauf! Aber es ist anders, als ich es mir vorgestellt hatte. Ganz anders. Lass dir erzählen …

Wenn ich überlege, wann ich zum ersten Mal an Europa dachte, dann glaube ich, es war, als ich gerade eine Woche im Hotel in Hammamet als Animateur hinter mich gebracht hatte. Nur zu sehen, wie sich die Touristen verhielten, was sie anhatten, wie sie sprachen und dachten, brachte mich darauf, eines Tages dorthin gehen zu wollen. Dass das so schnell passieren würde, hätte ich mir nie erträumt. Und als ich es zum ersten Mal unter Freunden erwähnte, dachten sie, ich sei doch nicht ganz bei Sinnen. Ich hätte hier einen tollen Job und wollte doch weg?

Wen hatte ich wohl alles damit angesteckt?

Als die Krise losging, da wurde ich bestärkt in meinem Vorhaben. Es begann, als eine Schweizerin, also vielmehr eine Tunesierin mit einem Schweizer Pass, eine Doppelbürgerin eben, aus Versehen, wie es hiess, auf ihrem Balkon erschossen wurde. Von einer verirrten Kugel, sagten sie. Als könnten Kugeln sich verirren. Es waren jene grausamen Tage und Nächte, als auf jedem hohen Gebäude Scharfschützen vermutet wurden. Die Touristen wurden ausgeflogen. Die meisten von ihnen waren froh drüber, sie wussten nicht, was alles noch in diesem Land passieren würde.

Ganz wenige wollten bleiben, aber ihre Reiseveranstalter kündigten an, einen etwaigen Schaden nicht zu ersetzen. Sie drohten ihnen sogar, dass sie möglicherweise bei einer Eskalation gar nicht mehr abgeholt werden könnten. Die Hotels könnten von den Islamisten angegriffen werden. Kurz, sie zogen alle Register, um keine Versicherungsfälle zu haben. Das Hotel leerte sich von Tag zu Tag. Erst waren es die Schweizer, dann die TUI-Gäste aus ganz Europa, die Italiener, die wenigen Briten, die Tschechen gingen fast zum Schluss und gegen Ende Januar blieben nur die langjährigen Gäste aus Frankreich und Belgien, die das Land gut kannten. Meine Tätigkeit als Animateur bestand darin, warmen Tee zu servieren und nette Gespräche mit alten Menschen zu führen, die hier überwinterten.

Jeden Abend sassen meine Kollegen und ich wegen der Ausgangssperre in unserem Café Maure, tranken

Tee, rauchten Wasserpfeife und redeten. Der Direktor hatte uns Zimmer angeboten, weil wir nach achtzehn Uhr nur mit Problemen nach Hause kommen konnten. Unsere Familien sahen uns tagsüber für ein paar Stunden, dann verschwanden wir in diesen Bunker. Das Essen wurde zusehends schlechter, denn die Versorgung wurde schwierig. Die Touristen, die Mitte Januar noch im Hotel waren, hatten aber viel Verständnis für unsere Lage. Sie gratulierten uns sogar, als sie erfuhren, dass Ben Ali geflohen war. Diese Bilder habe ich heute noch in meinem Gedächtnis. Tausende von Menschen in der Avenue Habib Bourguiba. Und dieser Mann, den wir damals für einen Betrunkenen hielten, der allein auf die Strasse ging und allen Tunesiern zurief: «Der Tyrann ist geflohen. Habt keine Angst, Tunesier.» Wir erfuhren viel später, dass der Mann keineswegs betrunken, höchstens trunken von Euphorie und Hoffnung war. Ein Anwalt anscheinend …

Wir hatten alle Tränen in den Augen und wären so gern in der Avenue Habib Bourguiba gewesen.

Ich hatte nie vor, ein Boot zu nehmen, meine Güte! Weder kann ich schwimmen noch bin ich mutig. Mein Plan war, so schnell wie möglich eine Französin zu verführen, ganz ehrlich, um sie zu heiraten und nach Frankreich zu gehen. Mein Lohn erlaubte mir einen kleinen Beitrag an meine Familie, die Miete dieser kleinen Wohnung, die ich mit drei Kollegen teilte, und meine persönlichen Ausgaben. Nichts, gar nichts blieb übrig. Trinkgeld gab es auch kaum mehr, seit die Touristen sich mit gelben und roten Bändern bewegten. Und wenn ich mit erfahrenen Animateuren sprach oder gar mit Chefs de Service, so war meine Hoffnung auf eine Verbesserung meiner Lage auch nach Jahren zunichte. Es gab keine andere Möglichkeit, als nach Europa zu gehen.

Aber die Touristinnen waren nicht mehr so gut auf Heirat anzusprechen. Sie mieden uns Animateure, denn viele Geschichten hatten sie abgeschreckt. Ich hatte drei Versuche für ein Visum hinter mir. Einmal bekam ich eine Einladung durch einen älteren Franzosen. Ich bekam eine Absage. Das zweite Mal trug ich mich in einer Schule ein. Absage. Das dritte Mal gab ich zwei Wochen «Urlaub» in Paris als Reisegrund an. Natürlich gab es eine Absage. Und klar wollte ich keine Ferien in Frankreich machen. So ist es nun mal mit uns Nordafrikanern. Während ein Franzose nur seine Identitätskarte zücken muss, um hier so lange und so oft, wie er will, Ferien zu verbringen, können wir trotz aller Garantien wie Job, Rückflugticket, Krankenversicherung und Geld in der Tasche das Land nicht verlassen. Es ist nicht nur so, dass uns Europa nicht will. Tunesien lässt uns nicht hinaus!

Ich erwähnte das mal einem Belgier gegenüber, einem jungen Mann. Er schüttelte den Kopf bei dem Gedanken, Belgien könnte ihm die Ausreise verbieten.

Aber mir wurde bewusst, dass wir in diesem Land eine andere Kategorie von Bürgern hatten: die grosse Familie des soeben geflohenen Präsidenten. Sie flogen, wohin sie wollten, so lange sie wollten. Sie kauften Ländereien und Firmen und besassen volle Bankkonten im

Ausland, in diesem Europa, das Menschen wie mir verweigert wurde. Und sie nahmen das Geld aus unseren Taschen. Meine Lohnabrechnung besteht mehrheitlich aus Abzügen. Dieses 2626-Projekt liess mich vor Ärger und Frust weinen und innerlich schreien. Ich wollte das nicht mehr! Ich wollte keinen Beitrag in einen sogenannten Sozialfonds einzahlen, angeblich freiwillig, nur damit Madame Leila sich damit bereichern konnte.

Es war nur eine dieser fiesen Methoden einer kleinen Elite, das ganze Land auszusaugen, uns das Brot aus den Händen zu schnappen. Wie Geier oder Hunde mit endlosem Hunger lauerten sie jedem auf, der etwas besass oder durch harte Arbeit und gute Ideen zu verdientem Reichtum gekommen war. Zuletzt war vor wenigen Monaten Folgendes passiert. Ein Geschäftsmann hatte ein Projekt für einen kleinen Freizeitpark realisiert. Es ging ihm darum, dass gestresste Familienväter aus der Stadt mit ihren Frauen und Kindern hinausfahren und unter Oliven und Palmen essen und trinken und frische Luft tanken konnten. Es gab einen geschützten Familienteil, einen, wo sich sogar junge Verlobte unterhalten konnten, ohne den Blick anderer Männer und Frauen.

Das Projekt lief von Anfang an sehr gut, dank einer kundenfreundlichen Strategie, wie man so schön sagt, die er im Ausland gelernt hatte. Die Familien strömten hinaus. Die Lage war auch entsprechend gut: an einer Verbindungsstrasse zwischen Norden und Süden, mit viel Durchgangsverkehr. Geschäftsleute und sogar Touristen hielten dort an, verpflegten sich und fuhren weiter.

Eines Tages tauchten drei dunkle Wagen auf, einer davon ein Hummer, für den ich wohl zwanzig Jahre arbeiten müsste. Acht Männer, so berichtete später ein Augenzeuge, stiegen aus und drei von ihnen nahmen Platz. Die anderen fünf standen wie in einem CIA-Film an strategisch wichtigen Positionen und verschränkten die Arme über der Brust. Allesamt trugen sie Sonnenbrillen. Die drei Trabelsis oder ihre Mittelsmänner nahmen je einen Kaffee und eine Flasche Mineralwasser. Dann liessen sie den Besitzer rufen. Er erkannte mindestens zwei von ihnen und ahnte schon, was auf ihn zukam. Sie wurden von einem lokalen Beamten begleitet, der dem Besitzer der Anlage bekannt war. Er hatte ihm bei den vielen Behördengängen, den Anträgen geholfen und war dafür auch fürstlich belohnt worden. Nichts in diesem Land funktioniert ohne Schmieren. Ob du ein Auto vorführst, einen kleinen Laden eröffnest, ein grosses Projekt lancierst: Es ist nur eine Frage der Höhe des Schmiergeldes!

Die Männer baten den Besitzer, Platz zu nehmen, und fragten ihn, wie das Geschäft denn so laufe. Er bedankte sich für die Nachfrage und dachte sich schon, dass dieser Konvoi nicht von Tunis hierhergekommen war, um ihm zum guten Gang des Geschäfts zu gratulieren. Wie erwartet und wohl auch ersichtlich bestätigte der Besitzer, ein Mann von etwa fünfzig Jahren, dass das Geschäft blühe, das Projekt ein voller Erfolg sei und der Dank auch vielen Beamten und Kollegen des hier sitzenden Abdelkader gelte.

Sie kamen schnell zum Kern und Grund ihres Besuches:

«Wir wollen uns beteiligen, bei dir einsteigen.»

Er antwortete mit einem unschuldigen, fast ahnungslosen Lächeln, dass er weder Kapital noch Personal brauche. Er schaffe es schon selbst. Der Bankkredit reiche für seine Betriebskosten und die Investitionen liessen sich gut durch die monatlichen Einnahmen amortisieren. Er hätte schliesslich einen guten Businessplan und ein Geschäftsmodell entwickelt, das er von Experten in Frankreich hatte überarbeiten lassen.

«Ja, wir wissen das alles. Darum wollen wir bei dir einsteigen.»

Nun dämmerte es ihm. Er hatte von solchen Machenschaften nur gehört. Aber dies war doch alles im Norden geschehen. Was machten diese Typen so weit südlich? Weiteten sie ihre Raubgebiete bis hierher aus?

«Die Trabelsis», dachte er leise für sich. Als hätte sein Bekannter seine Gedanken lesen können, nickte dieser lächelnd. Dann sagte er ihm leise:

«Ich empfehle dir diese Geschäftsleute sehr, mein Freund. Sie sind seriös und haben unlimitierte Mittel. Wenn du mal expandieren willst, zum Beispiel, ist das Kapital überhaupt kein Problem. Wenn du in Zukunft Bewilligungen oder amtliche Dokumente benötigst, was auch immer, es geht alles viel schneller mit diesen Gentlemen.»

Der Besitzer des florierenden Geschäfts taumelte fast. So kamen sie also auch zu ihm. Wären sie Kriminelle, könnte er den Polizeichef auf sie hetzen. Aber diese Leute bezahlten sogar den Polizeichef. Sie waren keine Kriminellen. Sie waren mit dem Präsidenten des Landes verschwägert. Sie waren Cousins und Brüder der First Lady. Und so was taten sie allen an, die Erfolg hatten. Wohin ging dieses Land? In die Hände von ein paar Grossfamilien? In diesen Minuten wusste er nicht, zwischen welchen Optionen er entscheiden musste. Er könnte nachgeben. Sie würden mit Geld einsteigen und seinen Gewinn mit ihm teilen. Geld, das er nicht benötigte. Es wäre eine sichere, lukrative Einlage für sie. Und wenn es dann noch besser liefe, würden sie sagen, das sei auf ihre Beteiligung zurückzuführen, denn sie seien respektable Businessmen. Darum würden sie dann mehr Anteile am Gewinn verlangen und schliesslich würde der Laden ihnen gehören. Das war eine Option. Die andere: Er könnte sich weigern. Das Schlimmste wäre, sie würden ihn umbringen lassen. Das sollten sie auch schon gemacht haben, aber es hatte sich leider weder ein Zeuge noch ein Richter finden lassen. Und dann könnte er das tun, was ein anderer Geschäftsmann getan hatte: Der hatte aus Verzweiflung sein eigenes Geschäft angezündet, eine Schuhfabrik, die auf dem besten Weg war, eine Perle in der Branche zu werden. Heute lief er wie ein Irrer herum. Die Trabelsis verneinten, jemals mit ihm in Kontakt getreten zu sein.

Darum also, dachte er, darum besass ein noch nicht dreissigjähriger Schwager der Präsidentenfamilie schon sein Privatflugzeug. Darum hatten sie genug Geld, um internationale Projekte zu finanzieren. Sie stahlen es oder sie nahmen es. Aber sie verdienten es nie.

Wie in einem Film zogen seine letzten Jahre an seinem geistigen Auge vorbei. Er erinnerte sich, seinen französischen Freunden stolz mitgeteilt zu haben, er ginge jetzt nach dreissig Jahren Exil endlich, endlich nach Hause, in die geliebte Heimat. Er ginge aber nicht mit leeren Händen zurück, er würde investieren.

Das hatte er nun davon. Sein Stolz verwandelte sich in Panik und Ekel zugleich, vor allem aber in Hoffnungslosigkeit, denn er wusste, dass er niemanden anrufen konnte. Niemand war so mächtig, wie diese Leute.

Sie standen auf, bedankten sich für Kaffee und Wasser und machten ihm klar, dass sie bis morgen Abend eine Antwort erwarteten. Über ihren Verbindungsmann, den lokalen Leiter der Investitionsbehörde.

Wie kam ich eigentlich auf diese Geschichte? Ach ja, ich war es satt, von meinem Lohn einen Teil auf ein Konto einzahlen zu müssen, das angeblich für soziale Zwecke verwendet wird. Keinen Zehntel davon haben sie an die Armen verteilt. Aber wenn sie mal Almosen verteilten, dann sah es die ganze Bevölkerung zu den besten Sendezeiten im Fernsehen. Auch das gehörte ja eigentlich ihnen. Ich wüsste nicht, was ihnen nicht gehörte. Und dieses Projekt 2626 wurde von Madame La Présidente höchstpersönlich verwaltet. Dass sie dabei ihre vielen Konten im Ausland fütterte, war jedem Zweifler und leichtgläubigen Bürger klar, als aus Versehen ein Reporter die Ranch in Venezuela filmte, die dem Präsidenten gehörte. Mit welchem Geld, zum Teufel? Mit welchem Geld? Mit meinem!

Ich könnte ja jetzt bei einer Schweizer Bank vorsprechen und sagen, ich hätte gerne meinen Anteil an diesem gestohlenen Vermögen …

Verflucht, wir mussten gehen. Ich denke immer wieder an den Spruch meiner Mutter: «Hout yakel Hout … – Fisch frisst Fisch, und der Schwächere stirbt …»

Ja, wie viele von uns wurden auf dieser Horrorfahrt zum Fischfutter? Waren es vierzig? Oder sechzig? Ich versuchte, auf Lampedusa Informationen zu finden, aber niemand konnte wirklich sagen, wie viele starben und wie viele überlebten. Wir wussten nur, dass über 130 Männer auf diesem Boot die Fahrt antraten.

Meine Pläne, das Land zu verlassen, sind älter als diese Revolution. Ich glaube nicht, dass sie gelingt. Wir jagen einen Mann und seine Familie, ein System zum Teufel. Aber ein anderer wird kommen, anfangs volksnah und sozial, wie Ben Ali es anfangs auch war, dann wird er seine Familie begünstigen, einen riesigen Polizei- und Spitzelapparat um sich herum bauen, und dann geht es von vorn los. Die heutigen Jungen, die auf der Strasse ihrer Freude freien Lauf lassen, werden in zehn Jahren wieder auf der Strasse sein, um den nächsten Tyrannen zu verjagen. Wir werden niemals eine Demokratie haben. Wir verdienen sie nicht und wir wissen nicht damit umzugehen.

Wieso ich das denke? Seit wir «frei» sind, seit die Tyrannen geflohen sind, streiken wir. Zuerst die Zementfabrik. Wie kann man in diesem Moment streiken, sich auf Rechte berufen, wenn das Land im Chaos versinkt und jeder Arbeiter gebraucht wird? Dann streikten andere: Sie ahmten einfach nach. Und ihre Forderungen? Mehr Lohn. Lächerlich. Ausgerechnet jetzt, wo das Land seine Wunden leckt, soll ein Manager oder Inhaber einer Fabrik über Lohnerhöhungen verhandeln? Jetzt, wo er nicht mal weiss, ob es seine Fabrik in vier Wochen noch geben wird? Sie sperren die Eingänge, sie sperren die Strassen. Und damit verlangen sie mehr Geld. Sogar die Hotellerie streikt. Die wenigen Touristen will man also auch noch loswerden. Ja, streiken wir weiter, bis es keine Kunden mehr gibt, die unsere Löhne bezahlen. Einer hat schon zugemacht. Er liess sämtliche Eingänge seiner Fabrik – sie produzieren Halbfertigprodukte für Patisserien – zubetonieren und ging ins Ausland. Er hinterliess nur einen sauber und einleuchtend formulierten Brief. Seine mehr als dreihundert Arbeiter beten um seine Rückkehr und würden sogar für weniger arbeiten.

Demokratie! Dass ich nicht lache. Wir steuern auf ein zweites Iran zu. Das ist meine Meinung. Kaum haben wir die Revolution gewonnen, schon kommen sie aus allen Löchern, in denen sie jahrelang komfortabel und sicher im Exil gelebt oder sich hier versteckt haben – die Bärtigen, die Salafisten, die Islamisten. Sie werden das Land ruinieren. Sie werden den Schleier wieder einführen und den Alkohol verbieten und somit alle Touristen vertreiben. Dann brauchen wir auch nicht mehr zu streiken, denn Arbeitsplätze werden von allein verschwinden. Dieses Land steuert von einer Katastrophe in die andere und keiner will es sehen. Alle reden sie von Demokratie, Freiheiten und rosigen Aussichten.

Wir sind keine Verräter. Wir lieben unser Land, aber

wir sehen für uns keine Zukunft hier. Darum wagen wir es. Darum nehmen wir ein grosses Risiko auf uns, das grösste. Unser Leben hängt an einem Faden. Dennoch haben es viele geschafft. Sie sind in Europa. Dort gibt es echte Demokratie. Dort kannst du einen Bart tragen, ohne dass man dich von Anfang an als Islamisten verdächtigt. Dort kannst du rasiert sein und niemand hält dich für einen Ungläubigen. Das tun sie hier langsam. Sie kommen auf uns zu, bitten uns vorerst, später werden sie Druck machen, davon bin ich überzeugt. Eines Tages werden sie wie im Iran und in Afghanistan mit Stöcken herumlaufen und auf uns einschlagen, auf diejenigen, die keinen Bart tragen, die nicht täglich in die Moschee gehen, die Alkohol trinken, auf unsere Frauen, die keinen Schleier, sondern Jeans tragen, die unterwegs mit Handys telefonieren. Sie werden uns die Musik verbieten, die Discos, die Kinos. Schliesslich werden sie uns ins Mittelalter zurückwerfen.

Darum flohen wir.

Es kam spontan und schnell. Ich konnte diese Flucht nicht lange planen. Die Idee mit Europa verfolgt mich seit Jahren, aber dass ich in eins dieser Boote steigen und fast mein Leben verlieren würde, das hätte ich nie gedacht. Es war an einem ganz normalen Abend, wie wir schon viele verbracht hatten, im maurischen Café unseres Hotels. Sadok sagte, als wäre es die normalste Sache der Welt:

«Lasst uns abhauen, Freunde. Lasst uns in ein Boot steigen und nach Lampedusa tuckern.»

Wir hielten es selbstverständlich für Spass. Darum

lachten wir auch alle, ausser ihm. Sadok verzog keine Miene. Er habe heute auf Youtube und Facebook geforscht. Natürlich brächten sie dort nur die Katastrophen, dafür interessierten sich die Medien. Aber er habe einen Freund, der ihm eine Nachricht geschickt habe. Er sei wohlauf in Italien und schlage sich nach Frankreich durch. Sein Freund sei zuverlässig, er würde ihm niemals falsche Hoffnungen machen.

«Was wollt ihr denn noch in diesem Land? Mein Freund hat es dreimal versucht. Zweimal wurde er geschnappt und wieder nach Hause geschickt. Wisst ihr, was das heisst? Sie kontrollieren gar nichts mehr. Sie sind mit sich beschäftigt. Früher konnte einer, der illegal das Land zu verlassen versuchte und wieder nach Hause geschickt wurde, erst mal die Gefängnisse seines geliebten Tunesiens geniessen. Jetzt nicht mehr. Er versuchte es erstmals zwei Tage nach Ben Alis Flucht, dann kam er zurück. Niemand hat ihn behelligt. Auch beim zweiten Mal wurde ihm nichts angetan. Und jetzt ist er dort. Bald seht ihr ihn in einem neuen BMW. Und wir hier? Wir werden bis dahin nicht einmal ein gebrauchtes Fahrrad kaufen können.»

Uns verging das Lachen plötzlich. Und die Ersten fragten nach den Details.

Wir waren alle erstaunt, als er Zarzis erwähnte. Wir sassen im Norden des Landes, in Hammamet. Wieso nicht von hier aus? Wieso so weit in den Süden fahren? Sadok hatte bereits Kontakte, gute Konditionen und vor allem – wie er betonte – einen zuverlässigen Organisator. Die Kontrollen im Süden seien vollständig ausgefallen. Alle konzentrieren sich auf die libysche Grenze und man könne unbehelligt das Mittelmeer überqueren. Lampedusa sei bald voll von Tunesiern. In wenigen Wochen werde die Küste wieder überwacht und die Flüchtlinge ein Thema in der Presse. Mit einer solchen Aufmerksamkeit sei es schwerer, unterzutauchen.

Höchste Zeit also, wenn wir gehen wollten.

Ich konnte in jener Nacht kein Auge zumachen. Ängste und Hoffnungen wechselten sich ab. Ich verbrachte die halbe Nacht auf Facebook und suchte nach Kontakten, die ich in Italien, Frankreich und in der Schweiz hatte. Die Meinungen in Europa über uns waren gespalten: Die einen verstanden es, die anderen verachteten uns. Ich verbrachte schliesslich mehr als zwei Stunden mit Kathrin im Chat. Ich erklärte ihr die Lage. Sie war schon öfters in Hammamet im Urlaub und liebte Tunesien. Es kostete mich fast zehn Dinar in diesem Internetcafé. Ich hoffte, es würde sich lohnen, denn so viel verdiente mein Bruder an einem Tag als Hilfsarbeiter.

Wir redeten über die Revolution. Wir schrieben über die Flüchtlinge und ich musste feststellen, dass sie nicht abgeneigt wäre, irgendwas für mich zu tun. Wir wussten noch nicht was. Aber wenn ich in Italien angekommen sei, solle ich ihr eine Mitteilung senden. Sie überlege sich inzwischen, ob sie mir irgendwie helfen könne.

Sadok war so sicher, dass die Reise problemlos verlaufen würde, sodass wir einige Tage später, Anfang März, in Richtung Zarzis fuhren. Wir gingen nicht zusammen, das wäre bei einer Militärkontrolle aufgefallen: Ein Überlandtaxi voller junger Männer aus dem Norden in Richtung Zarzis, das wäre doch erklärungsbedürftig. Also vereinbarten wir ein Café im Städtchen Zarzis, wo wir uns in zwei Tagen treffen wollten.

Ich nahm zuerst den Bus nach Tunis, dann den nach Zarzis. Es gab im ganzen Land unzählige Kontrollen. Vor allem Mietautos, Privatfahrzeuge und Überlandtaxis wurden immer wieder angehalten. Die Menschen waren froh, dass nach einer Zeit absoluter Abwesenheit von Sicherheitsleuten das Militär und die Polizei allmählich wieder öfter auftauchten und Fahrgäste und Kofferräume durchsuchten. Sie waren anscheinend auf der Suche nach flüchtigen Angehörigen und Freunden der Familien Ben Ali und Trabelsi.

Ich hatte nichts zu verstecken. Meine Papiere waren in Ordnung und auf die Frage, wohin ich wolle, sagte ich, dass ich im Tourismus arbeitete und Freunde in Zarzis besuchte. Es sei ja Flaute, bemerkte ich lächelnd. Und meistens antworteten die Sicherheitskräfte mit dem Wunsch, es solle bald wieder ruhig werden, dann würden die Touristen wieder ins Land zurückkehren.

Ja, bis dahin würde ich in Europa sein!

Die Stimmung im Land wechselte von Tag zu Tag, von Region zu Region. Ich hatte im ganzen Leben noch nie so viele libysche Autos gesehen wie auf der Fahrt von Gabès nach Zarzis. Es schien, als hätten sie uns überfallen, als würden sie unser Land vereinnahmen. Sie fuhren wie die Henker. Im Norden waren erst ein paar wenige gekommen und hatten Hotelzimmer bezogen, für unbestimmte Zeit, sagten sie. Unser Direktor war froh um sie. Er stellte jedoch ein paar Bedingungen, nachdem er mit den ersten Gästen aus dem Nachbarland schlechte Erfahrungen gemacht hatte: Sie assen in ihren Betten oder auf dem Boden in ihren Zimmern, sie rauchten und tranken, drückten die Zigaretten auf dem Boden aus, warfen die Flaschen einfach in die Ecken. Die Toiletten sahen aus, als hätte eine ganze Kompanie sie benutzt. Nun berechnete er ihnen einen Aufpreis für die Reinigung.

Dennoch verdiente er an ihnen und bald war es ihm egal, ob die Touristen wiederkämen, wenn nur die Libyer hierblieben und sich täglich verköstigen liessen.

Der Süden muss wohl gelitten haben: Sie kauften alles auf. Der Mangel an Zucker, Mehl, Fleisch und sogar Benzin war auf die Libyer zurückzuführen. Der Schwarzhandel blühte. Aber was interessierte mich das noch. Ich war drauf und dran, dieses Land zu verlassen. Meinem Chef hatte ich kein Wort gesagt. Erstens hätte er mich nicht gehen lassen, zweitens hätte er mich bestimmt bei meiner Familie verpfiffen und drittens hätte er der Polizei was geflüstert.

Ja, Vater, euch wollte ich nichts sagen, denn bei meiner ersten Erwähnung der Harragas hattest du schroff reagiert. Ich erinnere mich genau an deine Worte, als diese Bilder über den Fernsehschirm flimmerten:

«Sieh sie dir an, die Feiglinge! Sie verlassen das Land wie die Ratten, die Wasser spüren. Sollen sie doch alle unterwegs ertrinken, wer kümmert sich schon um Deserteure? Flüchtlinge nennen sie sie. Wovor flüchten sie denn? Vor der ehrenhaften Aufgabe, das Land wieder aufzubauen? Diese Profiteure! Sie werden in Europa wie Parasiten behandelt, man wird es ihnen so schwer machen wie nur möglich. Sie werden weinend zurückkommen. Wäre ich der Übergangspräsident, ich würde ihnen allen die Rückkehr verweigern, ihnen die Nationalität wegnehmen. Sollen sie doch zwischen diesem verfluchten Lampedusa und Tunesien hin und her rudern, bis ihnen die Arme abfallen.»

Ich konnte meinem Vater doch nicht sagen, dass ich drauf und dran war, ein solcher Deserteur zu werden. Uns fiel einfach nichts mehr ein für unsere Zukunft. Wir waren sicher, auch nach der Revolution weder Arbeit noch gerechten Lohn zu bekommen.

Von den jungen Männern aus dem Norden war ich der Einzige, der eine Arbeit hatte. Einer von acht. Was für ein Verhältnis! In Zarzis übernachtete ich die erste Nacht trotz der eisigen Kälte im Freien. Ich kannte niemanden. Bis gegen Mitternacht konnte ich in dem Café sitzen, in dem wir uns tags danach treffen würden. Als der letzte Gast «Gute Nacht» gewünscht hatte und der Besitzer oder Chef zuschliessen wollte, ging ich hinaus. Im Markt konnte ich eine kleine Ecke finden, windgeschützt, wo ich kauernd bis vier Uhr halb wach, halb dösend ausharrte, bis die ersten Geräusche mich aufscheuchten. Ich suchte das nächste Café auf und harrte dort den ganzen Tag aus. Immer wieder hörte ich von diesen Harragas. Die ganze Stadt schien in Aufregung und die ganze Jugend schien wegzuwollen. Sie verbrennen ihre Papiere, sie brennen ohne Visa durch, vielleicht waren wir drauf und dran, unser Leben zu verbrennen. Einer hatte es in einem Video auf YouTube gesagt:

«Wenn sie mich wieder zurückschicken, werde ich mich verbrennen!»

Ich war jetzt auch ein «Harrag», ein Durchbrenner. Und wenn sie mich erwischen und zurückschicken würden? Wie könnte ich je wieder meinem Vater vor die Augen treten. Entweder würde er mich erschlagen oder mich weinend umarmen. Aber sie würden mich nicht erwischen. Ich würde zu jenen gehören, die lebend auf Lampedusa ankommen, und von dort aus wäre es ein Leichtes. Kathrin würde sich etwas einfallen lassen. Sie arbeitete auf einem Amt in Zürich und da hatte sie Kontakte. Irgendwie würde es gehen. Immer noch besser, als hier auszuharren. Wie lange würde es noch dauern, bis unser Chef uns alle auf die Strasse setzte? Ewig konnte er uns nicht bezahlen. Mehr Arbeiter als Gäste, viel mehr. Das Verhältnis stimmte nicht mehr. Und die Aussichten auf Touristen im April schienen miserabel. Noch hielt sich dieser Hund von Gaddafi fest an der Macht. Solange er nicht geflohen war, würden die Touristen nicht kommen!

Ich überlegte es mir im letzten Moment noch. Bei Allah dem Allmächtigen, fast wäre ich nicht mitgegangen. Aber ich bin froh, dass dieser gierige Organisator mein Geld noch aus meinen Fingern schnappte, während ich an die Worte meines Vaters dachte und wirklich zum ersten Mal zweifelte.

Am Abend kamen sie. Einer nach dem anderen. Wir waren acht junge Männer aus dem Norden: Hammamet,

Tunis, Zaghouane und La Goulette. Ein Mann steuerte direkt auf uns zu. Ich weiss nicht, wie er uns erkannt hatte. Alle Tische waren mit solchen jungen Menschen besetzt. Aber vielleicht hatte er einen Blick für Harragas. Jedenfalls plauderte er nicht lange mit uns. Er sagte lediglich, dass bei Einbruch der Nacht, sobald es richtig dunkel sei, aber noch knapp vor der Ausgangssperre, ein Fahrer hinter dem Café auf uns warten würde. Er beschrieb uns das Auto. Und eine Stunde später sassen wir drin und fuhren durch Strassen und Gassen.

Wir wurden in ein Häuschen geschoben und die Tür wurde hinter uns geschlossen. Es war eine kleine Hütte, ein einziges Fenster in einem Raum, hoch oben, man musste auf einen Stuhl steigen, um es zu öffnen. Hier also sollten wir einige Tage und Nächte verbringen, ohne Heizung, lediglich mit ein paar Wolldecken, und auf den Start warten, von dem noch niemand wusste, wann er sein würde.

Bald, Inschallah.

Ich überlege gerade, was wohl besser ist, wenn man sterben muss: als Erster versinken, ertrinken und ersticken, oder zusehen, wie einer nach dem anderen vor deinen Augen vom Meer verschlungen wird, und du wartest, bis du dran bist? Ich habe noch nie in meinem Leben so geschrien, geweint, geheult und gewinselt, gebetet und uriniert wie in jener verfluchten, gottlosen Nacht, als das Boot kippte!

Wenn ich das geahnt hätte. Ich hätte auf das bezahlte Geld verzichtet und wäre nach Hause gelaufen, wenn es hätte sein müssen! Aber das ist vorbei. Vor mir liegen nur noch gute Dinge.

Ich wusste es innerlich schon in diesem kleinen Häuschen. Ich ahnte, dass wir nicht alle rüberkommen würden. Und ich malte mir aus, wer wohl überleben und wer ertrinken würde. So viele waren schon nach wenigen Kilometern gestrandet. So viele konnten nicht mehr gerettet werden. Mal war es technisches und mal menschliches Versagen. Mal die einfache Panik nach einer Brise, mal schlicht das überfüllte Boot.

Irgendeiner in der Gruppe hatte uns geschworen, dass der Organisator ein sauberer Mann sei. Er würde niemals das Boot überfüllen. Er hätte schliesslich einen Ruf und ein Geschäft zu verlieren. Und er arbeitete nur mit erfahrenen Kapitänen zusammen, die diese Route und das Klima des Mittelmeers bestens kannten. Keine Fischer, die plötzlich in diesen Harragas das Geschäft ihres Lebens sahen, nein, dieser Kapitän kontrollierte alles, bevor er ablegte, und er hatte zwei Assistenten dabei, einen Techniker und einen anderen. Man muss es sich leisten können, zwei Plätze zu vergeben, die nicht bezahlt werden!

Es gab Brot, Milch, Wasser, Biskuits und ein- oder zweimal Eintopf mit Huhn. Wir durften nur das Mindeste mitnehmen. Jedes Kilo zählte auf dieser Fahrt. Für Essen und Trinken sei auf dem Boot gesorgt. Und es wären ja bloss achtzehn Stunden bis Lampedusa. Viele hätten die meiste Zeit gemütlich vor sich hingedöst, bis es hiess: «Endstation. Alles aussteigen!»

Einer sass da, der gefiel mir gar nicht. Der einzige Mann, der nicht in unserem Alter von achtzehn bis dreissig war. Er hatte eine Brille und war glatt rasiert. Er sah wie ein Intellektueller aus. Warum wollte der noch fliehen, wo doch Ben Ali weg war? Floh er vielleicht, weil er ein Getreuer des alten Regimes war und nun gesucht wurde? Floh er, weil er aus dem Gefängnis ausbrechen konnte? Noch am 14. Januar, fast zeitgleich mit Ben Alis Flucht, öffneten sich plötzlich mehrere Gefängnisse im ganzen Land und viele Insassen konnten entkommen. Noch hatten sie nicht alle wieder eingefangen. Dieser sah mir so aus, als hätte er eine langjährige Strafe absitzen müssen und vom Chaos profitiert, um abzuhauen.

Wir würden es herausfinden.

Der schicksalhafte Abend kam. Derselbe Wagen fuhr uns an den Strand, wo wir auf andere Passagiere stiessen. Sie schupsten uns in ein kleines Boot, das uns zu dem grossen fuhr. Es ging alles so schnell. Wir dachten an gar nichts anderes als an einen guten Platz, am besten am Rand, weil ich persönlich schon im kleinen Boot würgen musste und das Kotzen nur knapp verhindern konnte. Die Angst stand den meisten plötzlich in die Gesichter geschrieben, obwohl es Nacht war und wir unsere aufgerissenen Augen nur vermuten konnten. Wenn es den anderen ging wie mir, dann hatten sie Todesangst, trotz der anfeuernden Sprüche wie «Lampedusa, wir kommen!» und «Europa, mach deine Tore auf!».

Der Anfang war gut, den überspringe ich jetzt! In der Nacht war nämlich ruhige See, am nächsten Morgen Sonnenschein und strahlend blauer Himmel. Dann hatte das Boot eine Panne, es verlor an Geschwindigkeit und schliesslich stand es still, nur leicht geschaukelt von Wellen, vermutlich von riesigen Schiffen und Frachtern verursacht, die wir in der Ferne sahen. Der Mechaniker arbeitete sehr lange daran, denn nach den achtzehn Stunden, die für die Fahrt geschätzt wurden, war nichts zu sehen ausser dem blauen Meer. Weit und breit kein Lampedusa, kein Europa, kein Paradies. Da beschleicht einen plötzlich die Panik und der Kopf fängt an, sich auszumalen, was werden könnte. Spätestens jetzt hatten auch die Mutigsten und Zuversichtlichsten Angst. Nur dieser ältere Mann schien die Ruhe zu behalten. Er kauerte still in einer Ecke und hielt seine Hände um die Knie. Ich ging kurz zu ihm.

Während der Techniker am Motor herumfummelte und fluchend nach Teilen suchte, fragte ich den Mann:

«Woher bist du?»

Er kam aus Tunis und hatte tatsächlich in einem Gefängnis gesessen. Er wäre unschuldig, sagte er. Sie hätten ihm ein paar Gramm Drogen in seine Tasche gelegt und ihn dann verhaftet. Er hätte, so erzählte er, mal etwas gegen das Regime gesagt. Dann wäre er beobachtet worden, das Gefühl, beschattet zu werden, hätte er tagelang gehabt. Er wüsste inzwischen, wer ihn verpfiffen hätte. Seine Bemerkungen über dieses Regime, seinen Polizeiapparat und die Ausbeutung des Landes hätte er ein einziges Mal in einem Café gemacht. Es wären nur zwei Freunde und ein Cousin von ihm zugegen gewesen. Einer von ihnen müsste ohne sein Wissen Beziehungen und Kontakte zum Regime gehabt haben.

Jedenfalls hätten ihm eines Tages zwei Renault Clio den Heimweg versperrt. Sieben Männer wären aus den kleinen Fahrzeugen gestiegen. Das wäre vor drei Jahren gewesen.

Während die einen ihn festhielten, durchsuchten die anderen sein Auto. In einer Reisetasche, die er bei sich hatte, fanden sie es. Er war der Meinung, einer der Männer hätte es hineingelegt, er hätte es sogar gesehen und laut geschrien: «Das ist nicht meins!», aber die Männer mit den dunklen Sonnenbrillen wollten nichts wissen und führten ihn mitten am helllichten Tag und vor den Augen vieler Passanten ab.

Er kam ins Gefängnis. Er wurde gefoltert, so lange, bis er gestand, Drogen verkauft zu haben. Dieses Geständnis warf ihm dann ein korrupter Richter an den Kopf, als er versuchte zu behaupten, er wäre unschuldig. Er warf es ihm wortwörtlich an den Kopf, er knüllte eine Kopie dieses Formulars, das er unter Blut, Tränen und Schweiss unterzeichnet hatte, zusammen und warf es ihm ins Gesicht. Spätestens dann verstand der Mann, dass er gegen eine mächtige Organisation ankämpfte und sich das nicht lohnte. Er ergab sich in sein Schicksal. Bis eines Tages, am 14. Januar dieses Jahres, nur wenige Stunden nach Bekanntwerden der Flucht Ben Alis, ein Feuer in seinem Gefängnis ausbrach …

Kam das Feuer von draussen, durch einen Molotowcocktail? Oder hatten die Insassen es verursacht? Die Sicherheitskräfte sassen alle vor den Fernsehern und hatten Angst um ihre eigene Zukunft. Vielleicht war es auch einer der Beamten, der lieber das Gefängnis in Brand setzen wollte, als von den Insassen zermalmt zu werden. Feuerwehr? Von wegen! Die Häftlinge versuchten, sich selbst zu retten, während Chaos entstand und keiner der Polizisten wusste, wie auf einen solchen Vorfall zu reagieren war. Die ersten Toten waren zu beklagen, das Feuer frass sie in ihren Zellen auf. Mit Decken und Kleidern versuchten alle, das Feuer abzuwehren. Noch mehr Tote, im Flur sah man schon die ersten verkohlten Leichen …

Das Feuer tobte mehr als eine Stunde lang, bis endlich ein gnädiger Wärter die Zellen öffnen liess. Rette sich, wer kann! Mein Schicksalsgenosse auf diesem Boot beschloss, einfach seelenruhig aus dem Gefängnis hinauszumarschieren, ohne Panik, ohne Hektik. Sein Geist war abwesend und er rechnete jeden Moment damit, wieder eingefangen zu werden. Aber nichts geschah. In der Stadt angekommen, fand er Mengen jubelnder Menschen, sie waren mit sich und mit der Flucht des Präsidenten beschäftigt. Niemand kümmerte sich um ihn. Einer umarmte ihn sogar:

«Freu dich, mein Landsmann! Es ist vorbei. Wir sind frei. Der Henker und seine Gehilfen sind geflohen.»

Dann rannte der junge Mann mit einer tunesischen Fahne auf den Schultern davon in die Nacht.

«Die Nacht des 14. Januar 2011 werde ich nie vergessen», sagte der nachdenkliche Mann. «Ich rannte nach Hause. Meine Eltern dachten, man hätte mich freigelassen in einer Art Generalamnestie. Aber ich sagte ihnen, dass es im Gegenteil wahrscheinlich ein Versuch war, uns alle zu töten, weil wir vielleicht Sachen wüssten, die wir später erzählen würden. Ich vermutete nämlich, dass die Anhänger Ben Alis im ganzen Land ein Chaos auslösen wollten, indem sie alle Kriminellen, Mörder und Verbrecher freiliessen. Dass dabei auch Unschuldige aus den Gefängnissen herausströmen würden, war ihnen sicher egal. Es galt, möglichst viel Angst zu schüren, damit das Volk schnell wieder nach Ben Ali und seinem Regime riefe.

Ich packte schnell und verbrachte nicht einmal die Nacht bei meinen Eltern. Seit dem 14. Januar versteckte ich mich im Süden des Landes, ging nur hinaus, wenn es absolut notwendig war, denn wir erfuhren schnell, dass einige Tage nach der Flucht Ben Alis die geflohenen Insassen wieder eingesammelt wurden. Die meisten haben sie wieder eingebuchtet. Sie warten nun heute noch auf einen neuen Prozess, doch das Land hat andere Sorgen und Prioritäten. Und wer könnte mir sagen, dass ich bei einem neuen Prozess freigesprochen würde? Die Beweise hatten sie verdammt gut konstruiert. Darum nahm ich dieses Boot, das nun eine Panne hat und das mich in dieselbe Panik versetzt wie damals der Brand im Gefängnis.»

Ich fragte kurz: «Hast du keine Familie? Ich meine eine eigene Familie, Frau und Kinder?»

«Nein, ich hatte nie das Geld, um zu heiraten. Das Einzige, was ich je besass, war dieser kleine Schrotthaufen von Auto. Ich wohnte stets bei meinen Eltern und wollte irgendeinen kleinen, aber friedlichen Beitrag leisten zur Befreiung des Landes. Rached Ghannouchi konnte fliehen, weil er prominent war wie viele andere

Oppositionelle auch. Aber Leute wie mich gibt es zuhauf. Unbekannt, unspektakulär, zu klein, um irgendwelche Aufmerksamkeit zu bekommen. Wir landeten alle in den Gefängnissen.»

Ja, was hatte sich denn seit Januar verändert? Dieselben Richter, Polizisten, Beamten, Politiker waren immer noch da. Ein paar nahmen freiwillig den Hut, weil die Massen gegen sie protestierten, aber sie entgingen vielleicht so einem Prozess. Wer würde sie nach Monaten noch belangen wollen? Und wenn nun der Prozess dieses Mannes neu aufgerollt würde? Wer wäre der Richter? Wer der Kläger? Dieselben wie beim letzten Mal? Würden sie überhaupt alte Verfahren wieder aufrollen? Würden sie nicht einfach sagen: Ob altes oder neues Regime, sechzehn Jahre sind sechzehn Jahre? Ich verstand wohl, wieso dieser Flüchtling in dieser Ecke sass und nach Europa wollte.

Wenn wir bloss hinkämen …

Bevor ich wieder verschwand, sagte ich, als wollte ich darauf hinweisen, dass er und ich halt aus zwei Generationen stammten:

«Dank Facebook und Twitter ist diese Revolution gelungen.»

Ich vermerkte das, weil ich ja mit einer Facebook-Freundin ganz intime Kontakte hatte. Na ja, was heisst intim, einfach persönlich. Sie will mir helfen, und dies dank Facebook. Dieser Jude, Zuckerberg, hat noch den Moslems zu ihrer Freiheit verholfen, das ist doch allerhand!

«Facebook?», fragte der Mann, dessen Namen ich

immer noch nicht kannte, und ich hatte nicht vor, ihn zu erfahren. «Twitter?», ergänzte er. Seine Augenbrauen zogen sich hoch.

«Es hat nichts damit zu tun, mein junger Freund. Glaubst du, die Revolution entstand vor Kurzem? Sie brodelte schon, als Facebook noch gar nicht existierte. Vor zwanzig Jahren schon gab es Proteste gegen Ben Ali. Die einen konnten noch fliehen, haben in Europa Asyl beantragt und in vielen Fällen erhalten. Dann kamen Hunderte ins Gefängnis, wurden gefoltert, starben daran. Amnesty International berichtete, protestierte, verstummte schliesslich. Dann verbrannte sich einer. Niemand kümmerte sich drum. Dann verbrannte sich ein Zweiter und dann noch einer. Aber es geschah gar nichts. Schliesslich kam der richtige Moment für eine Selbstverbrennung. Und er starb nicht auf der Stelle, das war wichtig. Er starb erst einige Wochen später, das liess den Menschen Zeit, zu überlegen …

Facebook, mein Freund, kam erst, als die Revolution beschlossene Sache war. Ja, es half, sie zu verbreiten. Aber wir hätten es auch nur hinausschreien können. Was war das denn bei Facebook, wenn nicht die Schreie, die sich so schnell verbreiten konnten? Ich habe im Gefängnis nichts davon mitbekommen. Aber ich erfuhr es nach meinem Ausbruch. Über die sozialen Netzwerke hat sich schnell die Nachricht von der Verbrennung, von gezielten Tötungen und der Flucht Ben Alis verbreitet. Aber die Revolution, der Keim, die Blüte, die Reife, mein Freund, die passierten real auf der Strasse, mit viel Leid, Schmerz und Tod.»

Das Boot nahm Fahrt auf, aber die Dunkelheit brach schon herein und der Kapitän schien äusserst nervös zu sein, und dies nur wegen ein paar lächerlicher Wolken am Himmel. Ich bin eben kein Fachmann. Daher ging ich nach meinem Gespräch an meinen Platz und wartete. Die Stimmung hob sich aber, weil alle dachten, die Krise sei überstanden. Daran war auch die Bemerkung des Kapitäns schuld:

«Bald, Leute, sehen wir die Lichter Lampedusas. Also geduldet euch noch ein ganz kleines bisschen!»

Einer ging so weit, sein Rasierzeug herauszuholen und sich und seinen Freund glatt zu rasieren, im Licht einer viereckigen Taschenlampe, die bald ihren Geist aufgab. Sie wollten nicht unrasiert in Europa ankommen! Es war der Typ, der uns im kleinen Häuschen in Zarzis eine Rede gehalten hatte, ohne dass wir ihn darum gebeten hatten:

«Was wollt ihr eigentlich in Europa? Ich gehe zum dritten Mal hin! Einmal habe ich es bis Marseille geschafft. Dort kam ich blöderweise in eine Razzia. Sie haben mich abgeschoben. Ich ging wieder hin. Freiheit? Scheiss drauf! Ich habe noch nie in Freiheit gelebt. Wie kann ich etwas suchen, das ich gar nicht kenne? Und könntet ihr damit umgehen wie sie? Ich meine, wie die Europäer? Könnt ihr hart arbeiten, wenn ihr die Wahl habt zwischen Arbeit und Faulenzen? Könnt ihr zahlen, wo ihr die Möglichkeit habt zu klauen? Das ist Freiheit, Leute, das zu tun, was wehtut, uns aber weiterbringt. Ich gehe nicht wegen der Freiheit hin. Ich will nur Geld, Arbeit. Das ist alles. Und wenn sie mich wieder nach

Hause schicken, werde ich es erneut versuchen. Mein Leben lang werde ich es versuchen, bis ich entweder dort ankomme und bleiben kann oder auf dem Meeresgrund lande.»

Niemand reagierte auf seine Rede. Er fuhr fort:

«Ich verdiene dreihundert Dinar als Hilfsarbeiter. Was willst du mit dreihundert Dinar? Du isst. Mehr liegt nicht drin. Heiraten? Vergiss es. Ein Auto? Traum. Kinder? In hundert Jahren. Was erlaubt sich dieser Staat, uns erst auszubilden und uns dann – wenn überhaupt – einen Hungerlohn zu bezahlen? Ich gehe nach Europa, um endlich tausend Euro im Monat beiseitezuschaffen. Darum gehe ich. Nicht wegen der Freiheit und solchen Blödsinns.»

Dann setzte er sich in seine Ecke und schwieg.

Während ich die bedrohlich werdenden Wolken betrachtete, kam mir eine Anekdote in den Sinn, die mir mein Grossvater mal erzählt hatte: Es gab mal eine Sippe, die durch einen geizigen, harten, erbarmungslosen Chef geführt wurde. Er und seine Familie besassen den Schlüssel zum lebensspendenden Brunnen. Er gab den Menschen so wenig zu trinken, dass sie gerade nicht verdursteten und so viel Kraft hatten, ihm zu dienen, auf seinen Feldern zu schuften, seine Plantagen zu pflegen, während er ganze Bäder voll Wasser besass und sich darin täglich abkühlte.

Eines Tages hängte sich ein junger Mann aus Protest an einer Palme auf. Sie fanden ihn im Morgengrauen, banden ihn los und trauerten. Dann aber standen einige Männer auf, bewaffneten sich mit Stöcken und Steinen und gingen in Richtung des Palastes ihres Herrschers. Dieser liess seine Hunde, Hyänen, Löwen und Soldaten auf die Menge los. Der Kampf dauerte lange, war blutig und mit vielen Opfern auf der Seite der Untertanen, doch sie gaben nicht auf. Sie kamen täglich wieder, bis der Herrscher endlich vertrieben wurde und mit seiner Familie in einer entfernten Oase Zuflucht fand. Er nahm viel Gold mit, damit er sich und seiner Familie auch in der Oase ein schönes Leben leisten konnte.

Die Untertanen wählten schnell wieder einen Chef und dachten, sie hätten nun ihr Problem gelöst. Doch in der Hitze des Gefechts hatten sie vergessen, dem fliehenden Herrscher den Schlüssel des Brunnens abzunehmen. Und so standen sie nun da, ohne Zugang zum rettenden Nass, und als sie alle Bäder des Herrschers ausgetrunken hatten, verdursteten sie elendig.

So kam mir mein Land nun vor. Wir hatten die Tyrannen vertrieben, doch den Schlüssel zu Arbeit und Zukunft hatten wir nicht gefunden. Wir würden wie die Untertanen im Märchen elend dahinsiechen und irgendwann ganz verrecken! Ohne Arbeit, ohne Zukunft, ohne Hoffnung …

Plötzlich schaukelte das Boot heftig. Es bekam schnell Schlagseite. Winde peitschten uns das Wasser in die Gesichter. Die ersten Schreie, die ersten Gebete, dann die ersten Sprünge ins Meer. Es war dunkel. Dann die Rettung aus dem Himmel. Scheinwerfer und Seile.

Wir hatten zu Hause um unser Leben gekämpft, wir kämpften nun auf hoher See ums Überleben. Einige wurden durch Seile in den Helikopter gehievt. Zwei

Schnellboote nahten mit hoher Geschwindigkeit. Ich setzte meine Hoffnung in diese Boote, denn der Helikopter flog weg, als beim letzten fuchtelnden Mann das Seil leer wieder hochging. Er musste es in letzter Minute losgelassen haben. Wollte er einen Freund retten? Hatte er die Kraft verloren, wer weiss es schon? Unser Boot war am Sinken. Der Kapitän sprang ins Wasser, er und seine zwei Assistenten hatten Schwimmwesten an, echte Schwimmwesten; ich hielt mich an einem Plastikfass und versuchte, meine Panik unter Kontrolle zu halten. Das Meer kam mir vor wie eine Horde Hyänen: Immer wieder verschlang es einen von uns. Köpfe und Hilfe suchende Arme verschwanden.

Eins der Boote war plötzlich neben mir und eine rettende Hand streckte sich aus. Ein Mann in Schwimmweste, vom Licht des anderen Bootes beleuchtet, zog mich hoch. Niemals werde ich dieses Gesicht vergessen.

Ich bekam eine Decke. Dann wurden fünf weitere aus dem Wasser gefischt. Einer bewegte sich nicht mehr. Das Boot raste davon. Mir wurde plötzlich bewusst, wie nahe wir der Küste waren. Es dauerte keine zehn Minuten, schon legten wir an.

Lampedusa! Das Paradies auf Erden.

Ärzte, Polizisten, Beamte und andere Personen drängten sich zu den zwei Schnellbooten, als hätten sie zum ersten Mal Besuch aus dem Süden bekommen. Ich verstand die mitternächtliche Hektik nicht, bis mir bewusst wurde, dass wir nicht nur begleitet, sondern regelrecht festgehalten wurden. Sie wollten niemanden in der Dunkelheit «verlieren» und rannten fast mit uns in verschiedene kleine Baracken. Dort bekamen wir nicht, wie ich erhoffte, endlich einen Schluck Wasser, sondern zuerst einen grimmigen Beamten zu sehen, begleitet von einem Dolmetscher. Wir waren erschöpft, traumatisiert. Unser Leben hatte an einem Faden gehangen und nun fragte mich ein Landsmann, was der Zweck meines Aufenthaltes hier wäre. Der Beamte wurde aber kurz beiseitegeschoben, eine Ärztin erlaubte sich, uns zuerst zu untersuchen. Wir lagen und sassen auf einer Pritsche. Einen nach dem anderen schaute sie sich genau an, während der Beamte in Zivil ungeduldig in einer Ecke wartete und mit dem Dolmetscher redete.

Ich bat um Wasser.

Wir schliefen vor Erschöpfung schnell ein. Das einfache Zimmer, wo wir uns wie Sardinen in einer Büchse hingelegt hatten, auf einer dünnen Matratze und mit einem Plastiktuch zugedeckt, war nicht so komfortabel wie die Baracke in Zarzis. Aber die Müdigkeit und das Wissen, dass wir endlich in Europa, dem freien, demokratischen Europa waren, liessen uns die Kälte, den Hunger und die Angst vergessen.

Als ich zwei Tage später auf einem Sammelplatz mit einem Papier in der Hand auf einen Bus wartete, der mich in ein anderes Zentrum bringen sollte, sah ich eine unglaubliche Menge junger Tunesier und anderer Nordafrikaner herumstehen. Das halbe Land schien sich nach Lampedusa bewegt zu haben. Es waren auch viele Schwarzafrikaner da, wahrscheinlich über Libyen geflohen. Es war kalt, verflucht. Und das nannten sie

Frühling? Die meisten Menschen waren abgemagert, erschöpft und die Enttäuschung war ihnen anzusehen. Diejenigen, die schon länger hier ausharrten, fluchten laut und beschwerten sich, aber niemand schien ihre Reklamationen über das Essen, die Decken, den Schlafplatz zu hören. Einige sollten wegen Platzmangels seit Tagen unter freiem Himmel, in Gärten, an Waldrändern und auf Feldern schlafen, mit etwas Plastik und Karton über dem Leib. Und sie assen Reste, die sie fanden, oder erbettelten Brot und Käse. Das also war das Paradies auf Erden, das uns motiviert hatte, diese gefährliche Reise auf uns zu nehmen?

Was für ein Paradies? Ich musste weg. Schnell. In Richtung Frankreich.

Im neuen Zentrum in der Nähe von Milano war es zumindest warm. Sie registrierten uns und nahmen schon wieder Fingerabdrücke von uns Neuen.

Hier lernte ich Abdelfattah kennen. Er sagte mir, dass er in wenigen Tagen mit zwei Freunden nach Frankreich ausreisen würde, sie warteten nur auf einen vierten Mann, damit die Sache auch finanziell tragbar sei. Ich war der vierte Mann!

Unser Alltag war von Langeweile geprägt. Spätestens hier wussten wir alle, dass weder Arbeit noch Geld auf uns warteten. Diejenigen, die wegen polizeilicher Probleme in Tunesien geflohen waren, hatten zumindest das trügerische Gefühl der Sicherheit. Sie würden sie nicht so schnell zurückschicken. Erst sollten sie ihre Dossiers verfassen, sie dann einem Richter irgendwo vorlegen, dieser würde dann über einen Asylantrag entscheiden. Die meisten, die in diesem Zentrum sassen, hatten bereits einen negativen Bescheid. Ich gehörte zu jenen, die noch darauf warteten. Ich schrieb in meinem Formular, dass ich vor einem halben Jahr, also noch zu Ben Alis Zeiten, wegen eines Joints verhaftet worden sei. Das war natürlich erlogen. Aber auf Lampedusa, in der ersten Nacht schon, hatte mir ein junger Typ diesen Tipp gegeben. Ich sollte ja nicht politische Gründe für mein Asylgesuch angeben. Damit hätte ich die geringsten Chancen. Wenn ich aber sagen würde, ich hätte einen Joint geraucht, dann würden sie eben länger darüber nachdenken, ob sie mich wieder in ein Gefängnis schicken würden. Ich verstand zwar nicht ganz, befolgte aber diesen Rat.

Einige Tage später sassen wir in einem grossen BMW und fuhren in Richtung Ventimiglia. Vor uns hatten es ein paar Tunesier und Marokkaner versucht, aber sie hatten die Bahn genommen. Die Ersten waren durchgekommen, denn die Kontrollen zwischen Frankreich und Italien waren ja aufgehoben. Seit aber die illegalen Passagiere aufzufallen begannen, wurden wieder Grenzkontrollen eingeführt, zum Leid der europäischen Bahnfahrer, die sich aufregten, weil es immer wieder Verspätungen und Zwischenfälle gab. So soll ein Marokkaner einen Anfall bekommen haben und Ambulanz und Polizei wurden bemüht. Ein anderer Verrückter drohte mit einer Bombe, ein Bahnhof wurde für zwei Stunden gesperrt. Wir verloren die letzte Sympathie, wie schon auf Lampedusa. Es ist nun mal so. Wenn einige fliehen, werden sie als Gäste betrachtet.

Wenn viele fliehen, sind sie eine Belastung. Und wenn so viele auf Lampedusa landen, dass die einheimische Bevölkerung kaum mehr auszumachen ist, dann sind wir eben eine Plage. Ja, wir waren hier eine Plage und niemand verstand mehr, warum wir unsere Heimat verliessen. Es war in den Augen der Europäer nach der Revolution doch alles wieder gut. Niemand hätte mehr einen Grund zu fliehen.

Und wir kamen in arge Erklärungsnot.

Unser BMW-Fahrer war ein italienischer Mafioso, anders kann ich ihn nicht beschreiben. Sonnenbrille, Kettenraucher, Spitzenfahrer. Ich war davon überzeugt, dass er unter seinem teuren Jackett eine Waffe trug. Er nahm uns je zweihundert Euro ab, bevor er auch nur den Motor anliess. Danach fuhr er wie im Film los. Er mied die grossen Strassen und nahm Schleichwege. Wir hielten uns manchmal die Augen zu, denn seine Fahrweise machte uns zu schaffen. Er hielt kurz vor der Grenze zu Frankreich und zeigte mit einer Kopfbewegung auf ein Dorf. «Francia», sagte er. Unsere Herzen schlugen schneller. Er telefonierte noch und dann fuhr er langsam den kleinen Hügel runter.

Als er uns an einem Strassenrand am Eingang eines kleinen französischen Dorfes aussteigen liess und uns «Buona Fortuna» wünschte, dachten wir schon, wir seien gerettet. Wir sahen schon Arbeit und Reichtum auf uns zukommen. Wir trennten uns mit einem Händedruck und jeder ging in eine Richtung. Ich habe meine Mitfahrer nie wieder gesehen.

Drei Tage lang schlug ich mich auf der Suche nach

Landsleuten und Arbeit durch, bis sie mich erwischten. Die erste Nacht schlief ich in einem Park. Es waren noch ein paar andere Leute da, sie machten Feuer in einer Tonne und tranken. Am nächsten Morgen setzte ich meine Suche nach irgendeinem Araber fort. Der Erste, den ich traf, ging mir regelrecht aus dem Weg, und auf meinen Gruss «Assalamu aleikum» reagierte er nicht. Er tat so, als wäre er Franzose, aber ich sah in seinen Augen, dass er Tunesier oder Algerier war. Auch am zweiten und dritten Tag irrte ich in diesem Dorf, dessen Namen ich nicht einmal erfuhr, herum und suchte Arbeit. Aber es war lächerlich. Wer würde mich hier anstellen? Ich müsste in eine grosse Stadt. Ja, von hier aus nach Toulouse weiterfahren. Mein Geld war knapp, ich hatte die ganzen drei Tage und Nächte kaum was gegessen. Die Leute im Park gaben mir mal ein Stück Brot und eine kleine Flasche Wasser. Ich gönnte mir nur den Morgenkaffee. Den ganzen Tag sass ich herum, mal im Park, mal auf einer Bank am Strassenrand, dann machte ich lange Spaziergänge und dachte nach.

War's das? Hatte ich die lange und beschwerliche Reise gemacht, um hier zu landen? Die Franzosen schienen uns tatsächlich nicht mehr zu mögen. Sie sollen schon Asylsuchende zusammengeschlagen haben. Natürlich gab es hilfsbereite Menschen, aber was wollten sie uns geben? Ihr ganzes Vermögen, ihren Besitz, ihre Arbeit und ihre Wohnungen? Ich weiss nicht … Die ersten Zweifel an meinem Abenteuer kamen hier in diesem französischen Grenzdorf zu Italien auf und liessen mich nicht mehr in Ruhe.

Am dritten Tag nahm ich einen Zug Richtung Toulouse. Und natürlich hatte ich kein Ticket, woher denn auch? Ich sass nachdenklich, erschöpft, resigniert da, als zwei Kontrolleure kamen. Der Rest ging schnell: Ich wurde zurückbegleitet und von diesem kleinen Grenzdorf aus schickten sie mich wieder nach Italien. Wieder nach Milano.

Schliesslich musste ich Kathrin anrufen. Ich hatte in diesem Zentrum keinen Zugang zum Internet und konnte mit ihr nicht chatten. Also rief ich sie an und erklärte ihr meine Lage. Zu meiner Überraschung war sie sofort bereit, zu mir zu kommen und mich irgendwie in die Schweiz zu bringen. Wir waren doch eigentlich nur Facebook-Freunde, da hatte ich zwar Hoffnungen, aber ich hätte es akzeptiert, wenn sie mir lediglich viel Glück gewünscht hätte.

Wir trafen uns in Milano, ich hatte im Zentrum meinen Freunden gesagt, ich sei eine Nacht weg, falls die Angestellten nach mir fragten. Berlusconi verdanken wir eine einzige Sache: Er gab uns die Bewegungsfreiheit. Nicht aus freien Stücken und weil er uns liebte, nein, im Gegenteil. Er wollte uns loswerden. Die Europäer hatten ihm anscheinend zu wenig finanzielle Hilfe angeboten und da gab er uns allen kurzerhand eine Bewilligung zu reisen. Insgeheim hoffte Berlusconi, dass die meisten von uns Italien verlassen und nach Frankreich und Belgien auswandern würden, weil wir ja meistens in diesen Ländern Verwandte und Freunde hatten.

Kathrin empfing mich so herzlich, dass ich etwas verwundert war. Es war unser erstes echtes Treffen, und ich wusste nicht einmal, ob ich sie auf die Wangen küssen durfte. Sie umarmte und umklammerte mich, als wären wir schon ein Paar. Arm in Arm gingen wir dann in Richtung eines Schalters, wo wir zwei Tickets nach Zürich kauften, vielmehr kaufte Kathrin sie.

Ich war müde, hatte schlechte Laune, die ersten Enttäuschungen über das Paradies Europa drückten auf mein Gemüt. Die Nacht zuvor hatte ich fast nicht geschlafen, auch vor Aufregung. Immerhin: Ich war drauf und dran, in die Schweiz zu gehen! Aber es kam anders, als ich es mir vorgestellt hatte. Ich nickte ziemlich bald ein und wir hatten kaum Zeit, uns über die Phase der Grenzüberschreitung abzusprechen. Ein Kontrolleur in Chiasso machte meinem Traum vom freien Asylsuchenden in der Schweiz vorerst ein Ende. Und obwohl Kathrin sehr enttäuscht war, musste ich sie beruhigen und ihr erklären, dass wir seit Monaten und einige unter uns sogar seit Jahren in dieser Unsicherheit lebten.

Nach wenigen Wochen im Zentrum in Chiasso an der italienisch-schweizerischen Grenze schickten sie mich, drei weitere Tunesier sowie einen Marokkaner und einen Algerier nach Zürich. Und damit keiner von uns unterwegs verschwand, gaben sie uns eine Bestätigung, dass wir in Zürich Geld erhalten würden, Unterstützung. Das kannten wir von Italien nicht. Die Schweizer wollten uns also, solange unser Verfahren lief, eine Unterstützung geben. Sie taten wirklich ihr Bestes, die Schweizer, meiner Meinung nach. Auch wenn es wenig war, gaben sie auch jenen, deren Gesuche abgelehnt wurden, noch Geld, genug zum Überleben, bis sie dann ausgeschafft wurden.

Und nun bin ich hier. In einer reichen Weltstadt, an deren Wohlstand ich nicht teilhaben darf. Ich kann nicht einmal die Erlaubnis bekommen, ihren Dreck von der Strasse wegzuwischen oder auch nur einen Stein zu bewegen, ein Fenster zu reparieren, einen Kaffee zu servieren. Wir haben die Rechnung falsch gemacht. Wir glaubten alle, sie würden uns Arbeit geben. Wir hätten alles gemacht. Aber nun sitzen wir gelangweilt und fast ohnmächtig da und warten. Tag für Tag, Nacht für Nacht vergeht und wir verlieren nur Zeit.

Ich habe meine Entscheidung gestern getroffen.

Wir sassen in der Hauptbarracke unseres Zentrums und warteten auf einen Übersetzer und einen Mann aus der Stadt, der uns unsere Rechte noch mal erklären wollte. Es hiess, er könnte uns ein Angebot für eine Rückreise machen. Sieben Tunesier, ein Marokkaner, ein Algerier und ein paar Schwarzafrikaner, ich glaube Eritreer, die wegen des Krieges geflohen waren, befanden sich in diesem mit Holzbänken und Holztischen möblierten Raum.

Abdelkarim, der Algerier, sagte uns noch: «Ich werde nur mal zuhören, was sie euch anbieten, für mich gilt das nicht. Mich nimmt mein Land nicht zurück, ohne dass ich zuerst ins Gefängnis komme. Bei uns gilt die illegale Ausreise noch als Straftat und wird hart geahndet. Auch wenn ich wollte, sie würden mir keine Einreisebewilligung geben.»

Abdelkarim hatte Kinder, die er seit mehr als einem Jahr nicht mehr gesehen hatte, und eine Frau, die er vermisste. Er klaute und verkaufte sein Diebesgut, damit er seiner jungen Familie Geld schicken konnte. Bestimmt glaubten sie, er sei in der Schweiz am Arbeiten und verdiente das Geld … Er war geflohen, weil er keinen Job hatte. Er hatte nie einen gehabt, jahrelang hatte er auf Kosten seiner Eltern und seiner Geschwister, die selbst knapp durchkamen, gelebt. Irgendwann hatte er genug von diesem unwürdigen Leben gehabt und ein Boot in Richtung Frankreich genommen. Von dort hatte er sich in die Schweiz durchgeschlagen, weil die Franzosen ihn nicht mit Handkuss empfangen hatten. Er erzählte uns vom Rassismus und dem Hass der Araber gegenüber ihren eigenen Landsleuten. Die dort ansässigen Algerier hatten es satt, so viele neue Illegale ankommen zu sehen, die ihrem Ruf schadeten und sie um Arbeit brachten. Sie riefen schon: «Genug ist genug!»

Würde er jemals nach Hause finden? Wie lange wollte er noch hierbleiben? Seine Kinder würden erwachsen sein, wenn Algerien ihm endlich die Rückreise aus humanitären Gründen erlauben würde. Armer Teufel. Im Vergleich zu uns Tunesiern war das ein hartes Schicksal. Ich könnte morgen nach Bern fahren, ein Laissez-passer einholen und tags darauf nach Hause fliegen, aber eben …

Ein türkischer Mitarbeiter des Zentrums sass ebenfalls im Raum, er wollte bei Schwierigkeiten eingreifen und bei echten Problemen die Polizei holen. Seit hier einige Schlägereien mit Verletzten vorgekommen waren, hatten sie immer einen Sicherheitsmann im Raum, wenn Besuch kam. Der Übersetzer war aus Syrien und lebte schon lange in der Schweiz.

Der Marokkaner war noch sehr jung. Er schien es auch nicht eilig zu haben, nach Hause zu gehen. Niemand hier wollte nach Hause. Es kam mir vor, als landeten alle in einer Sackgasse, einem Terminus, von wo aus kein Zug mehr abfuhr und der einzige Weg der Rückweg war, den aber keiner nehmen wollte. Was machte ich hier noch? In einer Barackensiedlung, wo sie früher Gastarbeiter aus dem Baugewerbe einquartiert hatten. Der Übersetzer kam. Wir grüssten ihn freundlich, aber zurückhaltend. Wir hatten keine Ahnung, in wessen Auftrag er wirklich hier war.

Sein letzter Versuch, uns zu sehen und mit dem Beauftragten von der Zentrale eine Information zu übersetzen, war jämmerlich gescheitert. Ich war allein hier gewesen am letzten Freitag. Um zwölf Uhr hatten alle ihre Schecks bekommen und fünf Minuten später waren alle verschwunden. Sie gingen in die Stadt, um Bier zu kaufen, sich volllaufen zu lassen. Sie mussten die Lage überwinden, die Sorgen und Hoffnungslosigkeit vergessen, und wenn es nur für ein paar Stunden war. Einer oder zwei gingen ins nächste Western-Union-Büro und überwiesen Geld nach Hause.

Aber dieser Besuch schien zu klappen. Es waren alle da. Nur der Beauftragte von der Asylorganisation schien sich zu verspäten. Der türkische Sicherheitsmann rief ihn an und liess den Übersetzer wissen, dass der Mann im Stau steckte und es sicher eine halbe Stunde dauern würde.

Der Übersetzer stellte sich vor und entschuldigte

sich für die Verspätung seines Kollegen. Einer sagte ihm: «Bist du hier, um uns davon zu überzeugen, nach Hause zu gehen?» Er wartete die Antwort nicht ab und wandte sich an uns: «Er will euch nach Hause schicken. Sie haben ihn beauftragt, euch auf Arabisch zu sagen, ihr sollt endlich abhauen!»

Der Übersetzer antwortete freundlich und als wäre er solche Bemerkungen gewohnt: «Ich bin hier nur als Übersetzer. Ich will euch weder nach Hause schicken noch bespitzeln. Das kennen wir von eurer und meiner Heimat. Aber hier ist alles sauber, glaubt mir. Claudio hat Verspätung. Ich kann einen Kaffee trinken gehen, wenn ihr wollt, oder ich kann euch ein paar Fragen beantworten, bis er kommt.»

Er klang vertrauenswürdig.

«Wir wollen hierbleiben.»

«Ihr bekommt kein Asyl, keiner von euch, das könnt ihr mir glauben. Sie sagen, dass ihr euch vor keiner Bestrafung, keiner Verfolgung, keiner Folter fürchten müsst, darum geben sie euch kein Asyl.»

«Aber wir wollen arbeiten.»

«Auch das werden sie euch nicht geben. Nicht dass es an Arbeit fehlt. Aber die Gesetze sehen nicht vor, einem Nordafrikaner, der illegal die Schweiz betritt, eine Arbeitsbewilligung zu geben. Darum werdet ihr keinen geregelten Aufenthalt bekommen. Stellt euch vor, ein Schweizer würde einfach nach Tunesien gehen und dort um Arbeit bitten. Er würde vielleicht eine Bewilligung bekommen, in Ausnahmefällen, weil er ein ganz besonderes Metier beherrscht, Chirurgie, Informatikingenieur, Physiker, Betriebswirt aus Harvard. Aber einem Maurer geben sie in Tunesien auch nicht einfach so Arbeit, oder?»

Unsere Stimmen verstummten. Wir hatten keine Argumente mehr.

«Die einzige Möglichkeit …» Unsere Aufmerksamkeit war wieder da. «Die zwei einzigen Gesuche, die bisher zu einer vorläufigen Aufnahme führten, wurden aus humanitären Gründen bewilligt.»

Der Übersetzer legte eine künstliche Pause ein.

«Aber die wurden zwei psychisch Kranken gewährt.»

«Ich werde lieber sterben, als nach Tunesien zu gehen. Was will ich dort? Ich habe Schulden und eine Gefängnisstrafe, die auf mich wartet. Ich werde mich verbrennen, wenn sie mich ausschaffen wollen. Ganz sicher. Ich stehe mitten in der Stadt, giesse wie Mohammed Benzin über meinen Körper und dann zünde ich mich an.»

Wir lachten fast alle.

Der Übersetzer sagte: «Ich war mal bei euch im Süden Tunesiens, da sah ich, dass Benzin in Kanistern am Strassenrand verkauft wurde. Das ist Freiheit. Hier kannst du nicht mal zwei Deziliter kaufen, ohne dass es die Polizei erfahren würde. Ich konnte bei euch mitten in der Nacht einkaufen, es scheint keine Gesetze für die Ladenöffnungszeiten zu geben, auch das ist Freiheit, die die Schweiz nicht kennt.»

Wir waren uns bewusst, dass sich der Übersetzer nun über uns lustig machte. Aber er zählte noch auf, dass wir unsere Tiere halten und schlachten könnten, wie wir es wollten, das könne man in der Schweiz auch nicht. Wenn wir einem Fussgänger nicht den Vortritt auf dem Fussgängerstreifen gäben, würden wir in der Schweiz bestraft, nicht so in Tunesien, mancher hätte den Führerschein in der Schweiz wegen zu schnellen Fahrens verloren, kaum einer in Tunesien.

Mit diesen lächerlichen Beispielen wollte er uns zeigen, dass wir hier keine Woche in Freiheit leben könnten, ohne mit dem Gesetz in Konflikt zu kommen. Meine Entscheidung stand fest. Aber die anderen schienen immer noch auf Claudio zu warten, der ihnen irgendetwas mitteilen wollte.

«Warum geben sie uns nicht das Geld zurück, das der Tyrann gestohlen hat? Wo ist Ben Alis Geld, das dem Volk gehört? Wir sind jetzt das Volk!»

Auch darauf schien der Übersetzer vorbereitet zu sein und erklärte in seiner ruhigen, fast freundlichen Art: «Es stimmt schon. Ben Ali hat in der Schweiz und anderswo auf der Welt Geld versteckt, das er dem tunesischen Volk gestohlen hat, aus Steuergeldern und anderen Machenschaften. Wisst ihr, unter uns …»

Er schien nun wirklich mit uns zu sympathisieren, oder aber er war so clever, unser Vertrauen zu gewinnen, um damit was weiss ich zu erreichen.

«Die Schweizer und der ganze Westen machen eigentlich etwas ganz Unglaubliches: Sie schicken Entwicklungshilfe in Milliardenhöhe in diese Länder, ganz Afrika soll davon profitieren. Doch das Geld kommt auf Umwegen zurück, landet auf Konten, in Anlagen und Scheinfirmen, lautend auf unsere arabischen Diktatoren, ihre Familien und Freunde im Westen. Mit diesem lang angelegten Geld kann der Westen wieder arbeiten und Gewinne erzielen. Paradox, nicht wahr? Nun zu deiner Aussage: Ja, die Schweiz wird bestimmt Geld zurückgeben, aber es wird Jahre dauern, bis sich die Juristen einigen und bis sie das Geld finden! Du kannst nicht in eine Bank in Zürich gehen und fragen, ob Zine el Abidine Ben Ali oder Leila Ben Ali Trabelsi oder Hosni Mubarak ein Konto hat und wie der Kontostand ist. Wenn sie es zurückgeben, dann einer legitimen Regierung, die es hoffentlich im Land investiert und nicht schon wieder exportiert.»

Salah heisst ein Mann um die dreissig, mager, Narben im Gesicht, ständig eine Zigarette im Mund, obwohl hier Rauchverbot galt. Er sass ruhig am offenen Fenster. Der Übersetzer kam ihm ungeheuer vor, er vertraute ihm nicht. Und obwohl er an seinem Dialekt erkannte, dass er kein Tunesier war, konnte er den Verdacht nicht loswerden, dass dieser Mann für eine Behörde arbeitete. Das ist eine Manie bei uns, ein Trauma. Wir halten jeden für einen Spitzel, der uns zu etwas anderem bewegen will, als unsere Pläne vorsehen. Salah warf wieder mal eine Zigarettenkippe, die nur noch aus dem braunen Filter bestand, aus dem Fenster und räusperte sich:

«Ich bin seit zehn Jahren in Europa.»

Der Übersetzer war aus zwei Gründen überrascht: Einerseits sprach dieser misstrauisch und grimmig blickende Mann endlich, und andererseits … zehn Jahre?

Was hatte dieser Mann mit den anderen gemeinsam, dass er hier sass?

«Zehn Jahre?», fragte er ungläubig. «Wie konntest du zehn Jahre illegal in Europa herumwandern?»

«Ich war nicht immer illegal. Vor zehn Jahren ergriff ich die Flucht vor dem Schächter Ben Ali, der uns alle ins Gefängnis zu werfen drohte, uns Studenten und Andersdenkende, die gegen seine Politik waren. Die Bevölkerung wurde mit Zuckerchen ruhig gehalten, aber wir waren Studenten und verstanden seine Machenschaften. Kurz: Wir mussten fliehen. Ich nahm schon damals ein Boot nach Lampedusa, aber meine Ankunft war anders, als sie mir diese Jungs jetzt beschreiben. Wir wurden mit offenen Armen empfangen, wir bekamen sofort Aufenthalt und wir bekamen Arbeit.»

Salah machte eine kurze Pause, nur um eine Zigarette anzuzünden.

«Ich habe sogar in Italien geheiratet! Und mit meiner Frau habe ich eine Bar eröffnet. Sie lief gut. Aber ein paar verfluchte Araber haben mir was hinterlassen. Es müssen Marokkaner gewesen sein – entschuldige, mein Freund», Salah wandte sich an den einzigen Marokkaner im Raum, «aber sie verkaufen Drogen, wie andere Gemüse verkaufen. Die Polizei fand etwas in einem Kühlschrank. Ich glaube, es war einfach Missgunst, Neid und Eifersucht! Ich musste fliehen, nachdem sie mir auch meinen Permesso genommen hatten und ich also wieder illegal im Land war und jederzeit das Risiko bestand, dass sie mich nach Tunesien zurückschicken. Mit Tunesien habe ich nichts mehr zu tun. Es ist nicht mehr meine Heimat. Meine Familie hat mich verbannt, meine Freunde habe ich alle verloren. Ich bin jetzt Europäer.»

«Und was erwartest du von einem Asylgesuch in der Schweiz? Du hast doch sicher um Asyl angesucht?», fragte der Übersetzer.

«Ich erwarte nur Zeitgewinn. Ich weiss, dass sie mir demnächst einen Negativbescheid geben werden. Bis dahin versuche ich, mich zu organisieren.»

Der Marokkaner meldete sich kurz zu Wort: «Sofiane hatte keine Zeit, sich vorzubereiten.»

Ja, Sofiane war heute Morgen von der Polizei abgeholt worden. Sie rissen ihn aus dem Schlaf, erlaubten ihm, zu duschen, einer der Beamten stand vor der Dusche Wache. Und dann nahmen sie ihn mit. Er heulte wie ein kleines Kind. Ein stattlicher Mann weinte wie ein Kind, dem man die Spielsachen genommen hatte. Mein Gott! Ich musste in mein Zimmer, um mich nicht von ihm verabschieden zu müssen. Er hatte gelacht, als er den Brief bekam. So viele hatten ihn vor ihm erhalten. Aber er spekulierte, dass sie nicht vor einem Monat kommen würden, dabei stand in dem Brief ganz klar: Fünf Tage hat man Zeit, das Land zu verlassen! Niemand wurde bisher nach Ablauf dieser Frist abgeholt. Alle konnten zwei oder vier Wochen nach Erhalt des Briefes untertauchen. Sie warteten die nächste Zahlung ab und gingen dann irgendwohin. In ein anderes Zentrum, zu Freunden, die bereits in Sozialwohnungen lebten, oder sie verschwanden wieder nach Frankreich oder Italien und wollten später wieder in die Schweiz kommen und erneut um Asyl anfragen. Aber Sofiane hatte keine Chance bekommen, unterzutauchen. Am sechsten Tag kamen sie, früh genug, weil sie wussten, dass wir hier bis zur Mittagszeit schliefen. Sie liessen ihn nicht einmal die Kleider und Turnschuhe mitnehmen, die er für seine Familie gekauft oder geklaut hatte. Wir wussten es nicht. Er war eher ruhig, sagte kaum etwas über sich oder seinen Alltag. Die neuen Turnschuhe und Kleider wurden von der Polizei beschlagnahmt.

Das würde mir bestimmt nicht passieren. Seit zwei Tagen war ich auch stolzer Empfänger eines solchen Briefes von höchster Stelle in Bern!

Claudio kam endlich und entschuldigte sich für die Verspätung. Er sei normalerweise mit dem Fahrrad unterwegs und da hätte er selten einen Termin verpasst. Aber heute musste er das Auto nehmen, wegen des Wetters. Ich fragte mich, was ihn dazu brachte, sich bei einer Horde illegaler Migranten zu entschuldigen, die sowieso den ganzen Tag hier herumsitzen. Vielleicht richtete er seine Entschuldigung an den Übersetzer, den er auch für die Wartezeit bezahlen musste.

Gelohnt hat sich Claudios Besuch nicht wirklich. Er erklärte uns lediglich noch mal, dass diejenigen, die nicht in Italien um Asyl angesucht, sondern erst mal in der Schweiz ihr Dossier deponiert hätten, eine Möglichkeit erhalten könnten, ein Projekt über die internationale Migrationsorganisation einzureichen. Kaum einer von uns erfüllte die Bedingungen und ein junger Tunesier sagte gerade heraus, was die meisten dachten:

«Ich will doch nicht monatelang hin- und herfahren,

um mal dieses, mal jenes Papier zu bringen. Nein danke. Gebt uns das Geld in bar, dann verschwinden wir sofort. Warum gebt ihr uns nicht die Kosten für sechs Monate, die wir bei euch verursachen? Damit könnten wir unsere Schulden bezahlen. Und ein Projekt starten? Warum seid ihr so stur?»

Und Claudio begründete mit einem zynischen Lächeln: «Weil unsere Behörden befürchten, dass Tausende Nordafrikaner kommen könnten, um von diesem Vorteil schnell auf dem Heimweg zu profitieren.»

Er hatte natürlich recht. Ich könnte es mir sehr gut vorstellen. Innert Stunden ginge eine solche Nachricht per SMS in alle Grenzgebiete der Schweiz. Und in der Tat, in Italien warteten Zehntausende, in Frankreich auch, und natürlich sassen auch ein paar Hundert in Deutschland und Österreich fest. Viele unter ihnen würden über die Schweiz nach Hause zurückkehren und vorher schnell mal ein paar Tausender kassieren. Das musste uns doch allen einleuchten, dass das wohl nicht ginge. Aber nein. Einige fragten doch allen Ernstes: «Warum könnt ihr es nicht nur für uns machen, die schon hier sind. Nur wir, keine anderen!»

Claudios bedeutungsvolles Lächeln war eine klare Antwort.

Plötzlich kam ein Afrikaner hereingestürmt: «Sie haben Gaddafi getötet! Wie einen Hund haben sie ihn erschlagen.»

Also doch. Die Libyer hatten es auch geschafft. Am selben Abend hörten wir, dass Amnesty International einen fairen Prozess für Gaddafi forderte, und wir diskutierten, ob es besser gewesen wäre, ihn vor ein Gericht zu stellen wie Hosni Mubarak. Wir waren etwas erstaunt, wie verschieden die Tyrannen unserer Länder sich verhielten. Der eine flieht noch in letzter Minute, der andere stellt sich einem Gericht zur Verfügung und der Dritte kämpft bis zum bitteren Ende. Was hätte ihm ein Gericht antun können für die Zigtausende, die er ermorden und foltern liess? Welches Gericht, wenn nicht das Jüngste, würde ihm denn eine gerechte Strafe geben? Es war richtig so. Er wäre womöglich noch freigesprochen worden, mit all seinem Geld. Er soll der reichste Herrscher seit Menschengedenken gewesen sein. Nein, es war besser, dass sie ihn so erledigt hatten, da waren wir uns einig. Jetzt konnten auch endlich die vielen Libyer, die nach Tunesien geflüchtet waren, wieder nach Hause, und vielleicht könnten unsere Arbeiter auch wieder nach Libyen zurück. Es gab viel zu tun, das Land musste wieder aufgebaut werden. Sie hatten immer versprochen, sie würden Tunesien berücksichtigen. Ja, jetzt stiegen unsere Chancen auf Arbeit …

Ich sah die tunesische Fahne zum ersten Mal, seit ich geflohen war. Es war dieselbe, die ich im Dunkeln wehen sah, als wir uns von Zarzis entfernten. Damals dachte ich: «Ich pfeife auf dich!» Und nun kam ich mir wie ein reuiger Hund vor, der seinem Herrn weggelaufen ist und beim ersten Hungergefühl mit eingezogenem Schwanz zurückkommt. Zu meiner grossen Überraschung waren sie auf der tunesischen Botschaft in Bern sehr freundlich mit mir, es schien sich etwas geändert zu haben, es gab nicht mehr diese typische

Überheblichkeit, dieses Von-oben-Herabsehen auf die Bürger, die nur dazu da waren, die Beamten zu belästigen. Sie gaben mir das verlangte Dokument nach der Vorweisung einer Kopie meiner Geburtsurkunde. Diese hatte ich mir von meinem Bruder auf das Büro der Asylorganisation in Zürich faxen lassen. Das war alles. Nun konnte ich nach Hause. Wie klang das in meinem Kopf! Nach Hause …

Die warme Sonne, das blaue Meer und die Schreie unserer Hühner sollten mich vergessen lassen, dass ich bei bitterer Kälte unter Bäumen geschlafen hatte, auf einem ausgeliehenen Plastikstück und mit meinem Arm als Kissen, dass ich in Mülleimern gewühlt hatte wie ein Hund, um nach etwas Essbarem zu suchen, dass ich mich bis zur Ohnmacht mit billigem Rotwein betrunken hatte, den mir ein singender und tanzender Zigeuner aus Mitleid in die Hand gedrückt hatte. Ich würde vergessen, was ich hier gesehen hatte: junge Männer, die nachts schreiend aufwachten und im Traum ertranken, Männer, die deprimiert auf den Freitag warteten, damit sie ihre Almosen bekamen, von Menschen, denen sie Rassismus und Unglauben vorwarfen.

Ich würde mich an diesen Wohlstand gern erinnern. An die Sauberkeit dieser Menschen, die ich bei Kathrin und ihren Freunden erlebt hatte. An die Felder und Wiesen, die Bäume und Berge und ganz besonders an den See.

Ich weiss, was mich zu Hause erwartet. Das musste mir mein Bettnachbar nicht in Erinnerung rufen. Sie werden mich durchleuchten, schon im Flughafen, sie werden mich mit verachtenden Blicken anschauen. Aber verflucht, es ist und bleibt meine Heimat! Ich werde die Freunde wiederfinden, Domino und Karten spielen, diesen unverwechselbaren Tee trinken, unsere Musik und unsere Sprache hören, nicht nur die fluchenden, enttäuschten Stimmen, die ich hier von morgens bis abends zu hören bekomme.

Aber ich fürchte mich auch davor, meine Familie wiederzusehen, zu erklären, warum ich mit leeren Händen zurückkomme, während die anderen noch in Europa ausharren, hoffen und Geld schicken. Sie werden mich für feige halten, ich werde das Gesicht verlieren, sie werden mir vorwerfen, im Paradies gewesen zu sein und es freiwillig verlassen zu haben.

Ich werde ihnen die Wahrheit über dieses Paradies sagen.

Kathrin

Seit meinem siebzehnten Lebensjahr liebe ich Ägypten und Tunesien. Ich habe keine Ahnung, warum mein Vater plötzlich Probleme damit hat. Aber ich war so oft in Hammamet … öfter noch als in Zürich! Die Revolution freute mich so sehr, dass ich fast jeden Abend im Januar vor Youtube und Facebook sass und weinte. Vor Freude natürlich für diese wunderbaren Menschen, die es endlich geschafft hatten. Vor einigen Monaten lernte ich auf Facebook einen Animateur namens Lassad kennen. Wir verliebten uns nicht, wie es mir schon mal passiert war. Wir verstanden uns nur gut, tauschten einige Gedanken aus. Er war ein sehr sensibler und intelligenter Mann, der seine Zeit mit dieser Arbeit im Hotel schlecht investierte. Aber es blieb ihm nichts anderes übrig.

Lassad bedeutete der Glückliche …Aber das Glück hat ihn und mich verlassen.

Was hatten wir für Pläne! Und ein einziger Blick eines erfahrenen Beamten, ein Stirnrunzeln, eine Frage – schon hatte er uns alle Pläne vermasselt. Ich blöde Kuh hätte daran denken sollen. Aber auch er, dummer Kerl, hätte mich erinnern sollen. Lassad war für mich sein Name. Immer, wenn wir im Chat waren, redete ich mit Lassad. Keine Ahnung, warum sie das machen, aber viele Nordafrikaner verschweigen ihren echten Namen im Internet. Na ja, einige Gründe kenne ich doch. Sie wollen oft nicht von Spitzeln gefunden werden. Es soll schon mal einer im Internetcafé verhaftet worden sein, nachdem er eine verbotene Seite aufgerufen hatte. Facebook war zu Beginn der Revolution die Plattform, die auch das Regime fürchtete, und viele gaben falsche Namen an, wenn sie dort zu Demos aufriefen. Auch Frauen aus Nordafrika zeigen selten ein echtes Bild, sie nehmen Angelina Jolie oder Blumen.

Lassad, dieser Name war mir so geläufig …

Ich traf ihn in Mailand am Hauptbahnhof. Wir kauften zwei einfache Tickets nach Zürich. Aber wir kamen nicht weit. Er hatte schon mal einen Versuch gewagt, von Milano nach Ventimiglia, dort wollte er die Grenze nach Frankreich überschreiten. Er war genau drei Tage in Frankreich, dann erwischten sie ihn in einem Zug. Sie schickten ihn nach Italien zurück, dem Dublinabkommen entsprechend. Weil er in Italien schon um Asyl angesucht hatte, durften sie ihn wieder dorthin zurückschicken.

Mit meinem Vater bekam ich den grössten Streit, seit ich fünfzehn war. Damals wollte ich ausziehen, weil er mir nicht erlaubt hatte, mit Dimitri auszugehen. Dimitri war ein wunderschöner griechischer Klassenfreund, aber mein Vater sah das anders. Er sagte mir, Dimitri würde rauchen und trinken und stehlen. Und jetzt sagte er mir, Lassad sei ein Krimineller, der aus einem tunesischen Gefängnis geflohen und auf der Flucht sei.

«Liest du denn keine Zeitung? Hast du nichts davon gehört, dass sie in Zürich und Rorschach Überfälle verüben?»

«Ich lese nicht die Zeitungen, die du liest, Vater. Und wenn vier Kriminelle unter ihnen sind, dann ist ihre Statistik aber weit besser als die in unserem ach so heiligen Dorf!»

Ich hörte ein «Klick» am anderen Ende.

Ich stamme aus einem kleinen aargauischen Dorf, echt idyllisch, muss ich zugeben. Bauern, Weinreben, Wiesen und Felder, wie sie im Bilderbuch stehen. Und mein Vater wacht darüber, dass es so sauber bleibt. Er lebt in einer anderen Welt. Er war noch niemals ausser Landes, und wenn er den Kanton Aargau verlässt, dann versucht er, spätestens zum Abendessen wieder zu Hause zu sein. Als Gemeindepräsident glaubt er, das Dorf könne die Nacht nicht ohne ihn überleben.

«Verflucht! Was erlaubt sich diese verdammte Behörde eigentlich? Wo bleiben unsere Rechte? Das werden wir nicht hinnehmen. Mit allen legalen Mitteln werden wir das bekämpfen. Sollen sie sie doch in einem Zentrum in Bern unterbringen! Wieso muss es ausgerechnet unser kleines idyllisches Dorf sein? Und wieso so viele?» Das sagte mein Vater mal an einer Art Bürgerversammlung. Ich hatte regelrecht Angst, als ich ihn so reden hörte, getraute mich nicht, meine Meinung zu sagen. Denn er vertrat die Ansicht, seine Meinung müsse unwidersprochen bleiben. Und er fand Genossen, die ihn unterstützten. Eigentlich die Mehrheit des Dorfes. Sie versammelten sich in einem kleinen Saal unserer Stammwirtschaft. Wir sind aber auch wirklich eine kleine Gemeinde. Und er stand am Tischkopf und schwang die Rede, die alle mit einem «Jawohl» quittierten.

In Mailand hatten wir uns umarmt, als wären wir viel mehr als Facebook-Freunde. Unsere Chats in den letzten Wochen brachten uns einander näher.

Wir tranken einen Espresso in einer kleinen Bar und er erzählte mir endlich von seiner Flucht und verriet mir seine konkreten Pläne und Ziele. In Toulouse hatte er Familie, Cousins und andere nahe Verwandte, die ihn sofort empfangen und ihm Unterschlupf gewähren würden. Er hatte die Idee von Anfang an gehabt, er wollte niemals auf Lampedusa bleiben. Viele seiner Mitreisenden auf diesem Boot hätten nicht einmal gewusst, dass Lampedusa eine kleine Insel mit siebentausend Einwohnern sei. Er aber hatte sich informiert. Er hatte auch nicht vor, in Italien zu bleiben. Dort seien zu viele Araber hängen geblieben. Und die Schweiz kam sowieso nicht infrage. Also hatte er es versucht mit Ventimiglia. Aber beim ersten Versuch war er gescheitert.

Diesmal hatten wir einen anderen Plan. Zuerst würden wir von Milano nach Zürich fahren und dann würde er von Zürich aus den TGV nehmen, das war viel sicherer. Kontrollen fanden kaum statt, denn wer würde sich schon illegal in der Schweiz aufhalten und dann in Richtung Paris fahren wollen? Der Plan war eigentlich perfekt.

Ich sagte dem Grenzpolizisten in Chiasso, dass mein Freund nicht Deutsch könne, er sei zu Besuch bei mir.

«Wie heisst denn Ihr Freund?»

«Lassad», antwortete ich wie selbstverständlich. In diesem Moment erkannte ich den erstaunten Blick meines Freundes. Shit! Es fiel mir wie Schuppen von den Augen. Augenblicklich verstand ich den entsetzten Blick Lassads, vielmehr Mokhtars. Wir hatten uns seit Milano nicht abgesprochen. Ich sagte ständig Lassad zu ihm. Meine Güte, was für eine Dummheit! Erst in unserem letzten Chat vor einigen Wochen hatte er mir geschrieben, sein echter Name sei Mokhtar. Ich hatte mir das zu wenig eingeprägt, weil ich wahrscheinlich von seinem überraschenden Plan, nach Europa zu kommen, überrumpelt worden war.

Meine Personalien wurden aufgenommen und ich konnte weiterfahren. Mokhtar verabschiedete sich mit einem Händedruck und einem müden, traurigen Lächeln von mir. Er sagte noch, sie hätten sich inzwischen an dieses Leben gewöhnt. Heute wirst du eingefangen, morgen bist du wieder frei. Dann kommst du wieder in eine Kontrolle, sie lassen dich ein paar Tage später wieder an die frische Luft und dann kannst du wieder verschwinden. Er wurde in die Empfangsstelle geführt, wo er sofort Asyl beantragte. Sie würden ihn vielleicht wenige Tage später wieder nach Italien zurückschicken, wegen des Dublin-Abkommens.

Aber wir hatten Glück …

Er blieb in Chiasso und wurde ins Auffangzentrum gebracht.

Ich machte Freudensprünge, als er mir im Mai sagte, er sei von Chiasso nun nach Zürich verlegt worden. Sie verteilen die Asylsuchenden auf die verschiedenen Kantone und so hatte Mokhtar Glück und wurde in ein Zentrum in Zürich geschickt. Er befindet sich immer noch dort, trotz eines negativen Bescheides im Asylzentrum, schlägt sich durch und harrt aus. Wir haben viele Spaziergänge unternommen und über seine Zukunft geredet.

Er will nicht nach Hause. Er kann nicht.

Sie bieten ihm ein Flugticket und sechshundert Franken an. Oder die Ausreise nach Italien. Aber beides kommt nicht infrage. Also haben wir einen Anwalt genommen, nicht weil wir Chancen auf einen positiven Bescheid sehen. Das hat uns der Anwalt klargemacht. In Mokthars Heimat gibt es keine Verfolgung mehr, keiner Art. Aber wir könnten Zeit gewinnen, sagte unser Anwalt. Er versprach besonders günstige Tarife. Mal schauen … Wir könnten die Zeit nutzen, um uns etwas zu überlegen. Und in der Zwischenzeit könnte es ja sein, dass die Regierungen Rückkehrhilfe vereinbaren. Vielleicht bekäme Mokhtar dann genügend Geld, um nach Hause zu gehen.

Aber Mokhtar hat Angst. In Tunesien sei die Arbeitslosigkeit gestiegen, das Land sei immer noch im Chaos. Niemand gehe freiwillig hin, nicht jetzt, und nicht mit leeren Händen. Seine Familie dränge ihn, hierzubleiben, Geduld zu haben. Einige haben es anscheinend geschafft. Sie arbeiten in Frankreich. Aber er hat von vielen gehört, die nicht arbeiten, sondern ihr Leben und das Geld, das sie nach Hause schicken, mit Kriminalität finanzieren. Sie klauen Dinge und verkaufen sie weiter.

Mein Freund will nicht kriminell werden. Er hat sich zwar mehrmals beklagt, er hätte nicht genügend zum Leben. Er könne sich keine guten Kleider leisten. Er sei hier ärmer, als er in Tunesien war. Aber klauen, nein, das wird er nicht tun. Der Anwalt hat ihm auch schwer davon abgeraten: Wer kriminell wird, riskiert die Rückkehrhilfe.

Auch seine Sozialbetreuerin empfahl ihm, die sechshundert Franken zu nehmen und zu gehen. Mehr könne sie ihm einfach nicht anbieten. Eigentlich sei ja Italien für ihn zuständig und Mokhtar wusste, dass er dort nichts zu erwarten hatte. Wir waren verzweifelt, als mir der Blitzgedanke kam: Warum heiraten wir nicht?

Aber als wir diese Idee dem Anwalt unterbreiteten, sagte er nur: «Vergesst es!» Die Scheinehe sei so klar, wie es eindeutiger nicht sein könnte. Ich war froh, ganz ehrlich. Denn erst, nachdem ich es ausgesprochen und in Mokhtar riesige Hoffnungen geweckt hatte, holte mich die Vernunft ein. Meine Güte! Unter solchen Umständen verheiratet sein … Natürlich wussten wir, dass es nicht Liebe war, es wäre lediglich ein Deal. Aber hätten wir jahrelang mit- oder nebeneinander leben können? Ich hätte eine riesige Verantwortung übernommen. Und Mokhtar war natürlich enttäuscht …

Der Winter machte Mokhtar zu schaffen. Er kam aus einer Gegend, die alle paar Jahre mal einen strengen Winter hatte. Und sie sagten schon bei fünfzehn Grad, es sei bitterkalt. Und mir machte Sorgen, dass er immer öfter betrunken oder zumindest beschwipst zu unseren Treffen kam. Einmal hatten wir auch einen fürchterlichen Streit …

Und mein Vater macht mir Schwierigkeiten. Er will vor der Gemeinde reden. Er will sie alle davon überzeugen, das Asylzentrum am Rand unseres Dorfes abzulehnen. Er sagt immer, dass die Schweizer ihre Freiheiten und ihre Demokratie hart erkämpft hätten. Sie wurden ihnen nicht geschenkt. Er meint, diese jungen Leute sollten endlich alle nach Hause fahren und ihr Land aufbauen. So, wie es die Schweizer getan hätten. Sie hätten auch das Joch der Vögte gespürt und sie dann zum Teufel gejagt.

Was mein Vater vergisst oder verdrängt, ist die Massenflucht der Schweizer vor hundert Jahren in alle Himmelsrichtungen. Auch sie mussten fliehen, weil sie Hunger litten und Arbeit rar wurde. Unser so reiches Land war damals das Armenhaus Europas. Und auch sie litten auf der Überfahrt an Krankheiten, Hunger und Kriminalität. Sie verliessen ihr Land nicht aus politischen Gründen. Und das tun die Nordafrikaner heute genauso wie die Schweizer damals. Niemand von ihnen behauptet, er sei hier, um politisches Asyl zu verlangen. Sie wollen nur eins: Arbeit in Würde, so wie die Schweizer, als sie nach Nordamerika und Kanada, nach Frankreich, Deutschland und Holland gingen.

Aber das haben die meisten Schweizer vergessen …

Heute Abend hat mir Mokhtar eröffnet, er wolle nach Hause. Ich konnte meine Überraschung nicht verstecken. Wir verbrachten den ganzen Nachmittag und Abend am See, in der Kälte. Er war dank meiner Unterstützung gut eingekleidet. Ich hatte ihm Kleider aus dem Secondhandshop und aus dem Brockenhaus besorgt. Er bat mich, das seinen Freunden nicht zu sagen. Ich werde die Eitelkeit dieser Menschen nie verstehen. Da sind sie hier als Asylsuchende und wollen nur die besten Markenkleider. Aber Mokhtar erklärte mir, dass sie alle im Mangel aufgewachsen seien, dass sie jeden beneideten, der Turnschuhe hatte, und wenn sie noch von Nike oder Adidas waren, dann erst recht. Wir kauften heisse Marroni und es kam mir schon seltsam vor, dass Mokhtar alles zu geniessen schien, er war gut gelaunt, schaute sich alles genau an, als wolle er es sich einprägen. Wenn wir früher spazieren gegangen waren, hatte er immer auf den Boden geschaut und sich geschämt, weil man ihm ansah, dass er nicht gerade hier arbeitete und lebte. Aber heute Nachmittag fragte er mich Dinge und interessierte sich für alles. Bei jedem Gebäude am Bellevue-Platz schaute er hoch und wollte wissen, was es war, wann es erbaut wurde und wer wohl früher darin gelebt hatte. Ich dachte nur, dass er vielleicht inzwischen den negativen Bescheid verdaut hatte, den er vor vier oder fünf Tagen bekommen hatte. Zuerst war er deprimiert. Dann schäumte er vor Wut und Hass. Aber heute schien er den Entscheid vollends zu akzeptieren.

Ulrich

Warum muss das ausgerechnet mir passieren? Meine einzige Tochter! Schleppt einen Asylanten an. So ein Mist!

Ich bin bei Gott kein Rassist und kein Fremdenhasser. Ich beschäftige sie ja! Aber die hier? Die kommen über Italien zu uns, als lägen hier Arbeit und Geld nur so herum. Es gibt keine Bedrohung zu Hause! Das stand in der Zeitung. Ihr Land ist nicht in Gefahr, in einen Bürgerkrieg zu rutschen. Was wollen sie also hier? Und so viele! Sie belästigen die Bürger dieses Landes, sie stehlen. Sie sollen sogar mit Drogen handeln. Sie verlangen Hilfe und Schutz, dabei spazieren sie mit Sonnenbrillen und neuen Turnschuhen herum, als wären sie Touristen. So sieht für mich kein Asylsuchender aus.

Wir Schweizer haben eine lange humanitäre Tradition. Wir helfen, wenn wir können. Aber nicht diesen Leuten, die ihr Land verlassen, nur weil sie sich ein besseres wirtschaftliches Leben verschaffen wollen.

Sie sind sogar mit der Unterkunft nicht zufrieden, auch nicht mit dem Essen, mit dem Geld, das wir Steuerzahler ihnen geben. Dann sollen sie doch wieder gehen, verflucht!

Und ausgerechnet so einen will meine Tochter mit allen Mitteln unterstützen. Sie passen nicht hierher. Er passt nicht in mein Haus, nicht an meinen Tisch, verdammt noch mal, nicht in meine Familie!

Sie hätten ihn abschieben sollen. Das wäre legal. Aber die Italiener lassen auch wirklich alle durch. Er hätte in Italien bleiben sollen. Es gibt dafür ein Gesetz und das halten die Italiener einfach nicht ein. Es wurden zu viele und da haben sie alle einfach frei reisen lassen. Natürlich wollen sie alle hierher. Das war wohl nur die Vorhut. Tausende werden noch kommen und hier Asyl beantragen. Dass wir sie nicht ausschaffen können, das verstehe ich nicht. Verflixt, sollen die in Bern doch aufstocken!

Jetzt ist dieser Typ seit Monaten hier und immer noch keine Ausschaffung. Dabei haben sie ihm einen negativen Bescheid gegeben. Er lungert herum, klaut wahrscheinlich wie die meisten seiner Landsleute und motzt bestimmt über das wenige Geld, das er bekommt. Aber er hat ja meine Tochter für seine Extras …

Seit Wochen hat sie nichts und niemanden mehr im Kopf als ihn, diesen «Auserwählten», wie er sich nennt. Als sie zu mir kam und sagte, sie hätte einen Anwalt genommen, um den negativen Bescheid anzufechten, da hat sie meine Geduld überstrapaziert. Als wenn sie das Geld nur so nebenbei verdient. Wir arbeiten alle hart und sie will diesem Mann einen Anwalt besorgen. Ich habe sie kurzerhand aus dem Haus geworfen. Seither verkehren wir nur schriftlich miteinander. Alles, was recht ist, aber so etwas!

Meine Vereinskollegen haben mir schon Vorwürfe gemacht, ich würde einen Illegalen unterstützen, ihn vielleicht verstecken. Ich solle aufpassen, sagten sie. Ich sei doch Vorbild für diese kleine Gemeinde. Und das bin ich. Keineswegs fremdenfeindlich, aber auch nicht träumerisch. Viele unserer Landsleute sehen die

Sache sehr blauäugig. Hier fängt etwas an, was niemand einzuschätzen vermag. Sogar die in Bern sind nervös und wollen Massnahmen ergreifen. Das will doch etwas heissen. Es sind eben zu viele. Die einen kommen auf Arbeitssuche, die anderen, weil sie den Militärdienst verweigern. Wo kämen wir da hin, wenn wir jeden mit einem solchen Grund aufnehmen würden?

Und das will nicht in den Kopf meiner störrischen Tochter. Ich hoffe nur, dass sie nicht noch auf den Gedanken kommt, ihn zu heiraten, das wäre der endgültige Bruch zwischen uns.

Ich muss etwas unternehmen. Die Gemeinde mobilisieren, sie warnen. Wenn uns Bern nicht hilft, helfen wir uns selbst …

Ich muss meine Rede vorbereiten. Heute Abend versammeln sich die Gegner. Es ist haarsträubend. Jetzt will der Staat ein Asylzentrum in unserem Dorf eröffnen, fünfzig Asylanten sollen zu uns kommen. Wir wollen das nicht. Der Bund und der Kanton sollen von mir aus ihre Kasernen umbauen, sie sollen irgendwo ein grosses Zentrum eröffnen, aber nicht in unserem Dorf. Die altehrwürdige Gastwirtschaft «Zum Sternen» wollen sie dafür nutzen. Der Meierhofer hat die Chance seines Lebens gesehen und will verkaufen. Er ist weder grün noch Sozialist, aber ein gerissener Geschäftsmann, hat die geschlossene Wirtschaft am Rande unseres Dorfes gekauft. Wir dachten schon, er wolle sie wieder eröffnen oder in Pacht geben, aber er hatte den Wind schon gespürt und wusste wahrscheinlich von den Plänen des Kantons, der dringend Unterkünfte brauchte. Das werden wir ihm vermiesen. Niemals wird hier auch nur ein Asylant seinen Fuss auf den Boden setzen.

«Liebe Mitbürgerinnen und Mitbürger dieser Gemeinde, liebe Freunde und Gäste, verehrte Damen und Herren, wir lehnen das Vorhaben eines Asylzentrums in unserem Dorf vehement ab. Stellen Sie sich vor, unser idyllisches, friedliches Dorfbild soll von fünfzig Asylsuchenden aus Nordafrika, mehrheitlich Tunesiern, verunstaltet werden. Eure Kinder werden nicht mehr sicher sein. Eure Geschäfte werden überfallen, ihr müsstet Häuser, Wohnungen und Autos abschliessen, wenn ihr ein paar Minuten abwesend seid. Ihr müsstet auf euer Hab und Gut aufpassen, sogar auf eure Haustiere, denn sie klauen und schächten Hühner und Schafe, so geschehen im Sankt-Gallischen vor wenigen Tagen. Sie überfallen Kioske und kleine Läden und scheuen bei einer Gegenwehr keine Gewalt. Wir sind keine Rassisten. Wir halten uns auch an Menschenrechtskonventionen und internationale Vereinbarungen. Aber diese Leute sollen anderswo untergebracht und versorgt werden. Denkt an die Abfälle, die sie in Italien hinterliessen. Denkt an die Streitereien, die sie in Zürich angezettelt haben, mit Fäusten und Messern gingen sie aufeinander los, Verletzte und Sachschaden. Es gab auch schon Tote! Das wollen wir in unserem Dorf nicht. Sie sind keine echten Asylsuchenden. Sie sind hier, um unsere Arbeit und unser Geld zu nehmen. Sie sind Wirtschaftsflüchtlinge, für die auch die Schweiz keinen Platz hat. Unsere Politiker haben nicht den Mut, es auszusprechen, aber sie stammen oft aus Gefängnissen ihrer Heimat und werden hier nur noch krimineller, denn unsere Haftbedingungen sind für sie doch ideal: drei warme Mahlzeiten, ein frisches Bett und Farbfernseher, das haben sie nicht einmal in ihren Träumen besessen. Wir werden sie nicht empfangen. Jede eurer Unterschriften zählt. Der Staat soll sich dieser Probleme annehmen und sie nicht auf uns Kleingemeinden abwälzen. Der Staat hat die Abkommen unterzeichnet, nicht wir. Also soll der Staat dafür sorgen, dass diese Männer versorgt werden. Wollt ihr etwa, dass eure Töchter abends nicht mehr allein durchs Dorf gehen können? Wollt ihr an jeder Ecke und hinter jedem Laden einen solchen Asylanten antreffen, der euch anbettelt? Wovor fliehen sie denn? Sie haben ihren Diktator gestürzt, ihn in die Flucht geschlagen, und nun fliehen sie selbst. Wovor denn? Wer flieht aus einem Land, das endlich seine Freiheit erlangt hat? Nur die Kriminellen, die bösen Elemente, die Diebe und Vergewaltiger. Wollt ihr sie abends betrunken in den Strassen unseres Dorfes antreffen?»

Sie werden alle unterschreiben.

Chat

«Hallo Kathrin. Du bist online …»

«Ja, Mokhtar, ich bin da. Wie sieht es aus in Tunesien? Wir hören hier von erneuten Unruhen mit Salafisten. Angriffe auf Bars und solche Sachen. Und die Menschen seien nicht zufrieden. Schön, dass du jetzt deinen richtigen Namen angibst ☺»

«Jetzt müssen wir uns nicht mehr verstecken. Wir dürfen surfen, wo wir wollen, und auch schreiben, was wir wollen. Das ist nicht unser Problem. Unser Problem ist, dass wir es mit den Freiheiten übertreiben! Die Leute wollen alles so schnell, dass es nicht mehr gesund ist.»

«Ja, ich habe von Streiks überall gehört.»

«Ja, und sie verlangen wieder vom Staat alles, was sie zuvor von Ben Ali bekamen, aber sie wollen nicht die Diktatur, die Ben Ali dafür ausübte. Die Leute sind wirklich dumm, sie wollen – wie du es mir mal sagtest – den Fünfer und das Weggli ☺»

«Schön, dass du darüber lachen kannst.»

«Ich vermisse dich.»

«Bist du noch da, Kathrin?»

«Ja. Ich vermisse dich auch.»

«Ich hätte vielleicht dableiben sollen. Und ich könnte mich dafür ohrfeigen, dass ich dich nicht zu mir ins Zimmer nehmen wollte …»

«Ich wäre gern zu dir gekommen, aber es war ja verboten, sagtest du mir.»

«Ja, ich Idiot hielt mich an alle Regeln, während andere ihre Freundinnen mitnahmen und dafür halt mit ein oder zwei Nächten Hausverbot belegt wurden.»

«Die Verfassung ist nicht fertig, haben sie geschrieben.»

«Die Verfassung … sie wollen so lange daran arbeiten, bis das Land lahm und wirtschaftlich am Boden ist. Sie sagen, der Verzug hätte damit zu tun, dass sie es seriös machen wollen. Niemand glaubt ihnen, sie wollen nur möglichst lange in ihren Sesseln im Verfassungsrat sitzen. Wir haben gehört, was die verdienen. Eine Unverschämtheit ist das!»

«Ich wünschte, du wärst jetzt hier und wir könnten am See spazieren gehen. Ich habe jetzt eine kleine Wohnung in der Stadt. Mit meinem Vater geht's etwas besser. Er hat es geschafft, über fünfhundert Unterschriften zu sammeln und die ganze Presse aufmerksam zu machen, weil er behauptet hat, einige Jugendliche hätten damit gedroht, die Wirtschaft ‹Zum Sternen› in Brand zu setzen, falls daraus eine Asylunterkunft gemacht wird. Ich glaube nicht, dass irgendein Jugendlicher das ernsthaft gemeint hat.»

«Glaubst du nicht?»

«Nein, wenn es mein Vater aufgeschnappt hat, dann im Gespräch zwischen Jugendlichen, die leere Drohungen machen, nein, bestimmt würde das niemand aus unserem Dorf in Betracht ziehen.»

«Eure Ministerin oder Präsidentin war hier. Sie hat mit einem unserer Minister eine Vereinbarung unterschrieben. Ich habe heute in der Presse gelesen, dass die Schweiz bis zu sechstausend Dinar bietet, wenn Tunesier sich für ein Projekt einschreiben. Auch wenn sie schon anderswo Asyl beantragt haben.»

«Und?»

«Ich bin unglücklich hier. Der neue Chef im Hotel stellt niemanden ein, der ‹desertiert› ist, wie er es sagt. Andere Jobs gibt es zwar, aber nur auf dem Bau oder als Handwerker, und da habe ich keine Chance. Ich spiele mit dem Gedanken …»

«Mokhtar? Mokhtar! Mit was für Gedanken?»

«Ich habe eine dringende Vereinbarung, ich muss ins Café, Freunde treffen …»

«Mokhtar! Bitte, mach das nicht, nicht noch mal. Das ist zu riskant. Bitte Mokhtar. Bleib zu Hause. Bitte!!!»

Avenue Habib Bourguiba

«Herr Minister, es wird Zeit, dass Sie etwas sagen, die Frauen wollen die Avenue Bourguiba nicht verlassen, bevor sie eine Deklaration von Ihnen hören.»

«Was soll ich ihnen sagen? Ich bin doch kein Tiefseetaucher, der die Leichen ihrer Söhne heraufholen kann. Tausendfünfhundert sind allein im Jahr 2011 verschwunden. Was meinen diese Mütter wohl, wo sie sind? In europäischen Hotels? Sie liegen alle auf dem Meeresgrund! Von vierzigtausend, die gegangen sind, sind tausendfünfhundert gestorben. Was soll ich machen? Wenn sie sich von Europa aus nicht melden, dann sind sie eben nicht in Europa angekommen.»

«Die Mütter und Schwestern dieser armen Jungen wollen eine klare Antwort, ob ihre Kinder und Brüder noch gesucht werden.»

«Suchen? Sollen wir Anzeigen in den grossen Zeitungen Europas aufgeben? Ich sage Ihnen doch, diejenigen, die sich seit sechs Monaten nicht gemeldet haben, sind tot. Verstehen Sie, tot! Und wer hat denn diesen jungen Männern meistens das Geld gegeben? Manche Mutter hat ihr Gold verkauft und manche Schwester bei ihrem Mann Geld geliehen für ihren Bruder, damit er auf diese Reise geht. Ist irgendeine Mutter da draussen, die will, dass wir ihren Sohn aus Marseille, Toulouse, Milano oder Genf zurückholen? Wenn sie es schaffen, die Jungs, dann sind alle mit sich zufrieden, denn sie haben alle zu diesem Erfolg beigetragen. Wenn sie es nicht schaffen, dann ist die Regierung schuld. Was ist das für eine Doppelmoral! Wie viele Schlepper sollen wir denn noch verhaften? Wie viele Polizisten sollen wir an die Küsten schicken? Diese jungen Menschen vertrauen ihrem Land nicht mehr, sie glauben nicht an die Zukunft. So ist die Jugend. Ungeduldig und zu allen Risiken bereit. Dieses Meer zwischen uns und dem sagenhaften Europa wird noch mehr junge Leute auffressen, es ist jetzt schon ein Massengrab unserer Jugend und damit unserer Hoffnung in unsere Jugend. Sie sind meine Expertin für dieses Gebiet. Was soll ich diesen armen Müttern sagen?»

«Ich habe hier eine kurze Rede vorbereitet. Die Frauen werden danach gehen. Und natürlich werden alle denken, dass es das übliche Blabla ist. Aber Sie können nicht dazu schweigen.»

«Liebe Mütter, liebe Schwestern!

Ich fühle mit euch den Schmerz des Verlusts und jenen des Ungewissen. Eure Kinder sind auch unsere Kinder. Sie sind einem Traum nachgerannt, von dem sie wussten, dass er teuer zu bezahlen ist. Sie haben Mut, Zuversicht und Glauben gezeigt, als sie in diese kleinen Boote stiegen. Wir konnten sie nicht aufhalten. Nicht einmal zu Zeiten des alten Regimes, wo alle Küsten überwacht wurden, gelang es, sie davon abzuhalten, das Land illegal zu verlassen. Ja, wir haben noch zu wenig Arbeit für unsere Jungen. Ja, unsere politischen Ziele und die Errungenschaften der Revolution sind noch nicht für alle sichtbar, insbesondere nicht für die ungeduldige Jugend. Aber wir arbeiten Tag und Nacht daran, unseren Kindern die Zukunft im eigenen Land zu ermöglichen.

Vierzigtausend junge Tunesier sind allein im Jahre 2011 nach Europa gegangen. Es wird geschätzt, dass einige Hundert Opfer betrügerischer Machenschaften der Schlepper wurden: überfüllte, nicht seetüchtige Boote, unerfahrene Kapitäne, schlechtes und veraltetes Navigationsmaterial, das alles wegen der Habgier dieser in Banden organisierten Menschenhändler. Wir haben viele hinter Gitter gebracht, aber es tauchen immer mehr von ihnen auf, denn der Traum unserer Kinder ist für sie Kapital.

Ich versichere Ihnen, dass ich mit allen inländischen Stellen sowie den Migrationsämtern und den Grenzpolizeien von Frankreich, Italien und der restlichen Europäischen Union Gespräche führe, intensiv, damit wir Ihnen allen, den besorgten Müttern und Schwestern dieser Vermissten, Bericht erstatten können.

Wir werden Ihnen bald die Gewissheit bringen, auch wenn es schmerzhaft sein sollte. Wir werden Sie über das Schicksal Ihrer Söhne und Brüder nicht mehr im Ungewissen lassen. Glauben Sie mir, liebe Schwestern, wir arbeiten mit Hochdruck an der Identifikation der Leichen und an der Suche nach Vermissten und Trümmern von Booten.

Bitte gedulden Sie sich. Auch unsere Gebete sind bei unseren vermissten Landsleuten, und unsere Ängste und Hoffnungen teilen wir mit Ihnen allen!»

Draussen, an der Avenue Bourguiba, am noch ausgelegten Stacheldraht, der seit Januar 2011 nicht verschwinden will und der das Innenministerium schützen soll, skandieren Frauen: «Holt unsere Kinder! Gebt uns unsere Söhne zurück.»

Eine Frau mit Kopftuch, um die fünfzig, mit Tränen in den Augen, hält still ein Schild hoch mit dem Bild eines jungen Mannes und mit dem Namen Mokhtar Ben Salem.

Verlag:	Ben Hamida International GmbH
Sprache:	Französisch
Erscheinungsjahr:	2012
Seitenanzahl:	96
ISBN:	978-3-906021-00-3
Format:	12.0 x 19.0 cm

Chronique d'une révolution

Comment un Marchand de légumes a réussi à faire tomber un Président

Il y a des rendez-vous dans la vie qu'on ne peut pas fixer – ils arrivent simplement, soit dirigés par un supérieur ou par un »hasard«. Un jour, on se trouve dans un lieu, ne s'attendant pas au plus petit événement extraordinaire et on est au milieu d'une révolution !

Dans ce petit livre j'ai noté mes impressions, mes aventures et mes observations que je consignais pendant le couvre-feu sous forme d'un journal, entre le 12 et 19 janvier 2011. Les petits détails prétendus insignifiants, que je tiens pour digne d'être mentionnés et qui sont d'une extrême importance pour le développement de ce mouvement, ne trouvaient ni de l'intérêt ni de la place dans la presse européenne.

Ces événements me semblent néanmoins dignes d'être racontés si on veut comprendre la différence entre la révolution tunisienne et celles des autres pays arabes!

Verlag:	Books on Demand GmbH
Sprache:	Deutsch
Erscheinungsjahr:	2011
Seitenanzahl:	64
ISBN:	978-3-8423-4686-4
Format:	12.0 x 19.0 cm

Chronik einer Revolution

Wie ein Gemüsehändler einen Präsidenten stürzt

Vom 12. bis 19. Januar weilte ich ferienhalber in Südtunesien. Ich durfte dabei die Ereignisse hautnah mitverfolgen, die aus Tunesien einen freien und demokratischen Staat machen werden. Dabei habe ich Tagebuch geführt.

Dieses Büchlein widme ich dem ganzen tunesischen Volk und insbesondere Mohamed Bouazizi, der nach dem Tod seines Vaters mit 14 Jahren seine Mutter und seine fünf Geschwister ernähren musste. Er betätigte sich mangels Alternative als Gemüsehändler mit einem fahrenden Marktstand. So ermöglichte er seinen Geschwistern den Besuch einer Schule und sich selbst das Abitur. Mehrfach wurde sein Gemüsestand wegen einer fehlenden Genehmigung geschlossen, seine Ware und seine Arbeitsmittel (Handkarren und Waage) beschlagnahmt. Nach einer demütigenden Ohrfeige von einer Beamtin, Misshandlungen auf der Polizeiwache und erfolgloser Beschwerde bei der Stadtverwaltung übergoss er sich vor lauter Verzweiflung mit Benzin und zündete sich an. Er starb am 4. Januar 2011 in einem Krankenhaus in Ben Arous bei Tunis.

Mit seiner Aktion brachte er eine Revolte in Gang, die schliesslich zum Sturz Ben Alis und seines ganzen Regimes führte. Mögen sein Freitod und der Tod vieler anderer Landsleute nicht umsonst gewesen sein!

Verlag:	Ben Hamida International GmbH
Sprache:	Deutsch
Erscheinungsjahr:	2010
Seitenanzahl:	214
ISBN:	978-3-906021-06-5
Format:	13.5 x 21.5 cm

Von der Sehnsucht

Die Geschichte dreier Migranten

Samir ist ein Café-Angestellter im Flughafen Monastir. Er ist mit Nora verlobt. Täglich sieht er im Flughafen Menschen kommen und gehen und wünscht sich nichts sehnlicher, als eines Tages auch nach Europa arbeiten zu gehen und reich nach Hause zu kommen. Sein in der Schweiz lebender Onkel lädt ihn zu einem dreimonatigen Aufenthalt in Kloten ein, wo Samir Deutsch lernen und seinem Onkel in der Pizzeria helfen soll. Dadurch soll Samir die fehlenden dreitausend Dinars für seine Hochzeit verdienen.

Mamadou wuchs in einem kleinen Fischerdorf in Senegal auf und war glücklich, bis eines Tages riesige europäische Fischfabriken seinem Vater die Grundlage seiner Existenz entzogen. Er beschliesst, nach Europa zu gehen, steigt mit fünfzig anderen Menschen in eine Piroge und schippert in Richtung Kanarische Inseln. Doch das Meer ist ihnen nicht gnädig …

Rajah, dessen vollständiger tamilischer Name eine ganze Zeile ausfüllt, musste aus seinem Dorf in Sri Lanka fliehen, nachdem sein Vater vor seinen eigenen Augen durch einen Rebellenführer erschossen wurde.

Die drei Männer begegnen sich zufällig in Zürich und haben eines gemeinsam: Heimweh.

Verlag:	Ben Hamida International GmbH
Sprache:	Deutsch
Erscheinungsjahr:	2012
Seitenanzahl:	216
ISBN:	978-3-906021-04-1
Format:	15.0 x 21.0 cm

Mit arabischen Grüssen

Eine Brücke zur arabischen Welt

Dieses Buch ist ein Versuch, die vermeintlich so verschiedenen Welten von Nordafrika und Europa einander ein kleines Stück näher zu bringen! Es richtet sich in erster Linie an Tunesien-Reisende und bikulturelle Paare in Europa. Aber auch der in Europa lebende und arbeitende Araber findet viele Tipps und Erklärungen, die ihm nur ein Araber mit 40 Jahren Europa-Erfahrung geben kann.

Themen in diesem Buch: Migration, Integration, Ferienbegegnung und daraus resultierende Misch- und Scheinehen, Islam und Islamismus, die arabische Begrüssung, die Rolle der Mutter, die Worte Halal, Haram und Harem und andere intime Informationen zur nordafrikanischen Gesellschaft.

Zweite Auflage 2012, Erstauflage erschienen 2008 bei Books on Demand, D-Norderstedt

Empfohlen durch **Marco Polo Reiseführer** Djerba/Südtunesien Ausg. 2008!

Verlag: Ben Hamida International GmbH
Sprache: Deutsch
Erscheinungsjahr: 2008/2012
Seitenanzahl: 251
ISBN: 978-906021-07-2
Format: 13.5 x 21.5 cm

Die Reise ins Glück

Eine deutsch-arabische Liebesgeschichte

Jährlich reisen Hunderttausende Europäerinnen nach Hammamet, Djerba, Sousse, Agadir, Hurgada oder Scharm el Scheich. Viele unter ihnen begegnen einem Einheimischen und verlieben sich; und wiederum viele unter ihnen machen aus dieser Begegnung eine Beziehung.

In diesem Roman geht es um zwei deutsche Frauen, die einen Kurzurlaub auf Djerba verbringen und sich dabei verlieben, die eine mit Flirtabsichten und die andere mit ernsthaften Zukunftsplänen.

Amor Ben Hamida beschreibt anhand zweier Schicksale die Erotik, Exotik, aber auch die Problematik solcher Ferienbegegnungen, die mit einem einfachen Flirt anfangen …

Verlag: Ben Hamida International GmbH
Sprache: Deutsch
Erscheinungsjahr: 2012
Seitenanzahl: 168
ISBN: 978-3-906021-01-0
Format: 12.0 x 19.0 cm

Der träumende Kameltreiber

Eine unglaubliche Liebesgeschichte

Diese märchenhafte Erzählung beschreibt Freundschaft und Solidarität junger Männer, die einen beschwerlichen, fast gefährlichen Weg nach Europa auf sich nehmen, um Arbeit und Geld für ihre Familien zu finden. Und es geht darin um die grenzenlose Liebe zweier Menschen aus verschiedenen Kulturen: Ahmed, der aus der Steppe Nordafrikas stammt, und Heidi, Tochter eines Schweizer Schokoladenfabrikanten, verbringen drei königliche Tage und Nächte, bevor das Schicksal sie wieder trennt.

Verlag:	Ben Hamida International GmbH
Sprache:	Deutsch
Erscheinungsjahr:	2013
Seitenanzahl:	188
ISBN:	978-906021-05-8
Format:	12.0 x 19.0 cm

Fortsetzungs-roman von «Der träumende Kameltreiber»

Pralinen unter tausend Sternen

Wiedersehn mit Ahmed

Dies ist der Fortsetzungsroman von «Der träumende Kameltreiber – eine unglaubliche Liebesgeschichte». Nachdem Ahmed aus der Schweiz ausgeschafft wurde, geht nun Heidi auf die Suche nach ihm nach Tunesien! Sie lädt drei Freundinnen und ihren besten Freund Frank zu einem Fondue in ihrer Ferienwohnung in Klosters ein. Niemand weiss wirklich, was der Anlass ist. Es kommt allen vor, als seien sie im Film «eine Leiche zum Dessert». Sie eröffnet ihnen, dass sie in die Steppe von Tunesien gereist ist, auf der Suche nach ihrer einzigen Liebe, ihrem Traummann, ihrem Prinzen: einem Kameltreiber. Die Gäste sind empört und halten ihre Freundin für durchgeknallt. Wollte sie etwa ihren Reichtum aus der Schokoladenfabrik ihres Vaters an einen Kameltreiber verschwenden? Umso mehr denken die Freundinnen, Heidi sei nicht mehr bei Sinnen. Einige glauben ganz einfach, sie habe diese Geschichte erfunden. Doch das Ende ihrer Geschichte wird sie alle erblassen lassen…

Verlag:	Books on Demand GmbH
Sprache:	Deutsch
Erscheinungsjahr:	2009
Seitenanzahl:	72
ISBN:	978-3-8391-1931-0
Format:	12.0 x 19.0 cm

Kampf der Dörfer

Ein Märchen von 2001

Die Ereignisse des 11. September 2001 und ihre Hintergründe werden vom Autor in Märchenform nacherzählt, dabei wird die Erde auf ein Land reduziert, die Länder werden in Städte und Dörfer verkleinert und die letzten zwei Jahrtausende auf 70 Seiten komprimiert … Es braucht keine 580 Seiten, um den angestauten Hass durch die Kolonialzeiten zu begreifen und nachzuvollziehen: Mehrere Generationen haben schweigend gelitten, neue Generationen schreien nach Genugtuung und Rache …

Der Osten und der Westen sollten dringend miteinander reden!

Verlag:	Ben Hamida International GmbH
Sprache:	Deutsch
Erscheinungsjahr:	2008/2012
Seitenanzahl:	195
ISBN:	978-906021-08-9
Format:	13.5 x 21.5 cm

Drei Secondos

Auf der Suche nach Identität

Die junge Fatima ist Tochter eines Tunesiers und einer Schweizerin. Ihr Vater verliess die Familie, als sie erst ein Jahr alt war. Im Alter von dreissig Jahren macht sie sich auf eine Reise, von der sie nicht viel erwartet: sie will lediglich ihren Vater finden, ihm ihre Meinung sagen und zurückkehren. Yves ist ebenfalls Sohn eines Tunesiers und einer Schweizerin und fliegt auf Drängen seines Vaters nach Djerba, um seine Grossmutter wiederzusehen, die ihn letztmals als Jugendlichen gesehen hatte. Schliesslich fliegt Khaled, Sohn zweier tunesischer Gastarbeiter, mit demselben Flug nach Djerba. Er will in Ben Guerdane seine Verlobung feiern.

Diese drei individuellen Geschichten zwischen Tunesien und der Schweiz, zwischen zwei Kulturen und Traditionen, werden vom Autor sorgfältig und mit viel Gefühl für diese aktuelle Problematik beschrieben.

Verlag:	Books on Demand GmbH
Sprache:	Deutsch
Erscheinungsjahr:	2009
Seitenanzahl:	80
ISBN:	978-3-8391-2007-1
Format:	12.0 x 19.0 cm

Verfeindete Brüder

Das Schicksal der Kinder Abrahams

Wenn man den israelisch-arabischen Konflikt verstehen will, darf man sich nicht damit begnügen, die heutige, verzwickte und undurchsichtige Lage anzuschauen und Rückschlüsse zu ziehen. Man muss in die Vergangenheit gehen, dorthin, wo alles noch klar war, wo es begann. Denn heute gleicht die Situation einem Scherbenhaufen: Ursprünglich war ein intaktes Gefäss da, irgendetwas hat es zerschlagen.

Verlag:	Ben Hamida International GmbH
Sprache:	Deutsch
Erscheinungsjahr:	2012
Seitenanzahl:	221
ISBN:	978-906021-10-2
Format:	13.5 x 21.5 cm

Steine auf dem Weg zum Pass

Wenn Liebe religiöse Grenzen sprengt

Haben Sie sich schon einmal in eine Person verliebt, die einer anderen Religion und Kultur angehört? Haben Sie sich mit der fremden Religion und Kultur Ihres Partners/Ihrer Partnerin auseinandergesetzt? Spielten Sie vielleicht zwecks Heirat sogar mit dem Gedanken einer Konversion?

Wenn Ihnen diese Fragen auch schon durch den Kopf gegangen sind, wird dieser Roman Sie fesseln. In dieser spannenden Liebesgeschichte nämlich treffen zwei Welten aufeinander, diejenige der marokkanischen Studentin Halima, die in der Hoffnung, als Haushalthilfe einen Job in der Schweiz zu finden, ihr Heimatland Marokko und ihre ganze Familie verlässt und die Welt von Martin und seinen Brüdern, die in aller Abgeschiedenheit Mitte der 80er Jahre auf einer kleinen Alp beim Brünigpass mehr schlecht als recht ihr Dasein fristen.

Anja Siouda, Schriftstellerin und diplomierte Übersetzerin, schreibt für mehr Toleranz unter den Menschen. www.anjasiouda.com